アジア進出企業の経営
成功のメカニズム

待ち受ける「落とし穴」を予見し、
回避することでプレゼンスを高める！

リブ・コンサルティング
海外グループ ディレクター
タイ支社 マネージング・ディレクター
香月義嗣

リブ・コンサルティング・タイランド
Ben, Pez, Mai, Min
共著

プレジデント社

はじめに

「アジアにおける日本企業のプレゼンスは格段に低下しており、このままでは今後もさらに低下するのではないか？」

これが2006年からアジア各国で日本企業向けの経営コンサルティングに携わっている私が抱く危機感である。

1980年から1990年代にかけて、私が小学校や中学校で学んでいた頃、日本は世界第2位の経済大国であった。日本製電化製品や自動車などの品質に対する世界からの信頼は厚く、アジア経済をけん引するリーダー的存在だと学び、子どもながらに誇らしく感じた記憶がある。その頃の私は、「日本に、日本人として生まれて幸運だった。そして、日本にはさらなる明るい未来が待っている」と想像を膨らませ、来る21世紀に対して大きな期待を寄せていた。

しかし、現実はどうなっただろうか。1995年に世界のGDPのうち17・6％を占めていた日本だが、2020年には6％へと低下。1980年の9・8％すら、大きく下回っている。しかも、内閣府のホームページによると現状のまま推移すれば、

2030年には4・4%にまで落ち込むとされており、世界経済における日本のプレゼンスは低下し続けるばかりだ。

また、1989年には時価総額世界トップ50企業のうち日本企業が32社を占めていたが、2018年にはその数はトヨタ自動車1社となった。経済協力開発機構のデータによると、日本の年間平均賃金（2020年時点、1ドル＝110円換算）は約424万円で主要35カ国中22位であり、約462万円の韓国にも抜かれている。こうした日本経済停滞のニュースは枚挙にいとまがない。

統計データだけでなく、長年、アジア各国で経営コンサルティングに携わってきた私の肌感覚においても、日本企業の没落を感じずにはいられない。日本製品であれば多少価格が高くても「品質への信頼」から売れていた時代はすでに過去の話になっている。アジア市場では各産業とも中国や韓国の競合商品がプレゼンスを高めているのが現実だ。

さらに、労働市場においても、日系企業への人気は低下し、優秀な人材は現地大手企業や外資企業へと流れてしまっている。品質が良いという理由で日系企業が選ばれていた時代は、賞味期限切れとなってしまった。

だが、そんなことを嘆いていても何も変わらない。私はできる限りこの問題に向き合い、日本企業のプレゼンス向上に何か一つでも貢献したい。本書を書き始めたのはそういう動機からだ。

日系企業が直面する〝落とし穴〟

私は2005年から経営コンサルティング業界に身を置いている。2007〜2017年までの10年間はリブ・コンサルティングの韓国支社でマネジメントとして指揮を執り（前著『日本企業が韓国企業に勝つ4つの方法』《中経出版》参照）、2018年からはタイ支社で代表を務めている。その間に、韓国とタイだけでなく、中国・マレーシア・ベトナム・シンガポールの現地企業、現地に進出しているアメリカやドイツなどの外資企業ともプロジェクトを推進することで、各国のグローバル経営の実態を目の当たりにしてきた。

クライアント企業は2022年時点で累計180社、担当したプロジェクト数はのべ270件、現在も年間20以上のコンサルティングプロジェクトを手掛けている。

こうした背景もあり、私には以下の三つの強みがあると考えている。

- **アジアに拠点を置く日本企業経営の課題解決を推進した経験を持っていること。**
- **日本企業だけでなく、現地企業ともプロジェクトを推進した経験があり、各国の市場や企業における実態や特徴を理解していること。**
- **自分自身が海外市場で企業を経営する立場にあることで、アジア進出企業の経営者としての実体験を踏まえてアドバイスできること。**

現在もタイのバンコクにて、経営者として会社を成長させながら、クライアントの成果にコミットする経営コンサルティングを提供し続けている。

このように海外で日本企業と接する中で、常に感じてきたことがある。

「アジアに進出している日本企業の多くが、共通した〝落とし穴〟にはまってしまい、成功確率を落としている」

この懸念である。

日系企業が抱えている典型的な課題は、私にとっては、他の日系企業で「すでに見た景色」ばかりであり、あらかじめ知っていれば避けられた失敗のように思えてならない。もちろん、それらを知っているだけで、グローバル経営がすべてうまくいくというつもりはない。しかし、あらかじめわかっている「負け戦」を避けるだけでも成功確率を高められるのは確かだ。

過去に日本企業のプレゼンスをけん引してきた原点は、圧倒的な商品力・技術力であった。しかし、その反面、これらに依存しすぎてきた結果、総合的な経営力がおろそかになっていたのではないか、アジアで勝つために必要なナレッジが十分蓄積されていなかったのではないかと危惧している。


そこで本書では、数多くの事例に共通している日系企業経営の「落とし穴」を提示し、それらに有効な打ち手を理解することで、落とし穴を回避、もしくは防御するきっかけを提供していきたい。

それにより、日本人経営者が現地に着任する際に、マイナスからのスタートではなく、ゼロからスタートできるサポートをするのが主たる目的だ。Chapter 4では、そこからさらに事業を成長させていくためのヒントにも触れている。

本書の主な対象は、アジア各国の日本企業の経営を担うすべての日本人である。特にこれからアジアの海外支社、子会社などに駐在し、経営の中枢を担う経営者・管理者には是非一読いただきたい。

また、グローバルに日系企業を経営するというと、とかく現地でのコミュニケーション方法に焦点を絞りがちだ。例えば、「異文化を理解し、それに合わせたコミュニケーションを取る」「部下を指導する際には人前で怒らない」など、個別のコミュニケーション方法を重視したアプローチである。

しかし、本書ではそうした個人対個人のコミュニケーションよりも、経営目線や組織目線にスポットを当てて議論していることをご理解いただきたい。

この本を通して、多くの事例から「落とし穴」を予見し、回避する方法を伝えることで、日本企業がアジアでプレゼンスを高める一助になれば幸いである。

2023年2月吉日
株式会社リブ・コンサルティング
海外グループディレクター&タイ支社マネージング・ディレクター　香月義嗣

はじめに……002

Chapter 1

経営陣が知るべき、四つの「落とし穴」

▼変わりゆくアジア……。
その中で、現地日本企業が陥る「落とし穴」とは？……014
▼落とし穴①「危機感度のズレ」～駐在員とローカル社員の認知格差……021
▼落とし穴②「労働力流動化の壁」～無視できない、社員の離職リスク……031
▼落とし穴③「全体最適へのハードル」～生産性に影を落とす〝個〟の優先……041
▼落とし穴④「日本スタイルの押し付け」～バックグラウンドが生むギャップ……048

Chapter 2

11個の防御策で、成功を「メカニズム化」する！

▼それぞれの落とし穴に対応する、防御策の考え方とは……058
▼防御策①「経営編」／シナリオプランニングにより、同一の危機感を醸成……063
▼防御策②「経営編」／ローカル社員を巻き込んだ長期ビジョンの見直し……067
▼防御策③「経営編」／改善方針を決定する「経営幹部合宿」を実施……072
▼防御策④「営業編」／変化する「購買心理」を軸とした行動管理を……079
▼防御策⑤「営業編」／会社として、「勝ちパターン」の見える化を徹底……085
▼防御策⑥「営業編」／「提案営業」で顧客のニーズを的確につかむ……089
▼防御策⑦「製造編」／「ライン別利益の見える化」で全体最適を実現……099
▼防御策⑧「製造編」／「適正人員の見える化」実施で生産性向上……103
▼防御策⑨「人事編」／人事評価とビジョンの一貫性をしっかりと保つ……108
▼防御策⑩「人事編」／モチベーションの見える化で多様な対策を検討……120
▼防御策⑪「人事編」／マーケティング発想による、戦略的採用を！……128

Chapter 3

先駆企業に学ぶ「落とし穴」からの脱却ストーリー

▼ケース① 日系自動車部品メーカーN社
〜シナリオプランニングによる改善で黒字体質に……136
▼ケース② 日系電子部品メーカーO社
〜危機感と価値観をすり合わせ、持続的成長を……147
▼ケース③ 日系化学品メーカーP社
〜将来への活動を通じて、「改革する力」を培う……154
▼ケース④ 日系電機メーカーQ社
〜若手抜擢の人事によって、人材の定着・成長が加速……158
▼ケース⑤ 日系機械メーカーR社
〜組織と個人目標の一貫性を整え、活性化……162
▼ケース⑥ 日系自動車メーカーS社
〜営業のベストプラクティスを仕組み化して、売上向上……167
▼ケース⑦ 日系食品素材メーカーT社

～勝ちパターンの仕組み化で、新規顧客数を3倍に……171

Chapter 4

飛躍を遂げる、リーン&スマート！

▼競争が激しいアジア市場では、まずはリーンを、そしてスマートへ……178
▼リーンの実現を推進。それはオーナーシップの醸成から……183
▼聖域なき徹底的なコストダウンで、リーンへと生まれ変わる……191
▼ベンチャーマインドを阻害する環境を徹底的に排除する……194
▼顧客の将来課題を起点に、スマートへと変革する……196
▼バリューカプセルで固定観念に縛られない新規事業創出を！……202

おわりに……206

Chapter 1

経営陣が知るべき、四つの「落とし穴」

変わりゆくアジア……。その中で、現地日本企業が陥る「落とし穴」とは？

日本企業のアジア、特にASEAN10への進出が拡大している。経済産業省が発表した「海外事業活動基本調査」の結果によると、2020年度末におけるアジアの現地法人数は1万7342社で、現地法人数全体の67・5％ともっとも大きなシェアを占めている。また、増加率で見ていくとASEAN10における法人数の割合は前年度から0・3ポイント上昇しており、10年連続で拡大している。

この調査結果をみても、日本経済にとって、アジア、とりわけASEANの存在は重要度を増している。

その理由は、このエリアが大きなポテンシャルを秘めているからだ。中国は、今さら言うまでもなく、世界2位の経済大国であり、世界一の人口を抱えている。南アジアへ目を向ければ、まもなく人口が中国を上回るといわれるインドがあり、ASEANも人口でいえばEUよりも多い。ASEANは経済成長も目覚ましく、名目GDPも2008年に日本を抜いて以降、年々その差を広げている（図1－1）。

図1-1　ASEANの名目GDP（購買力平価）の推移

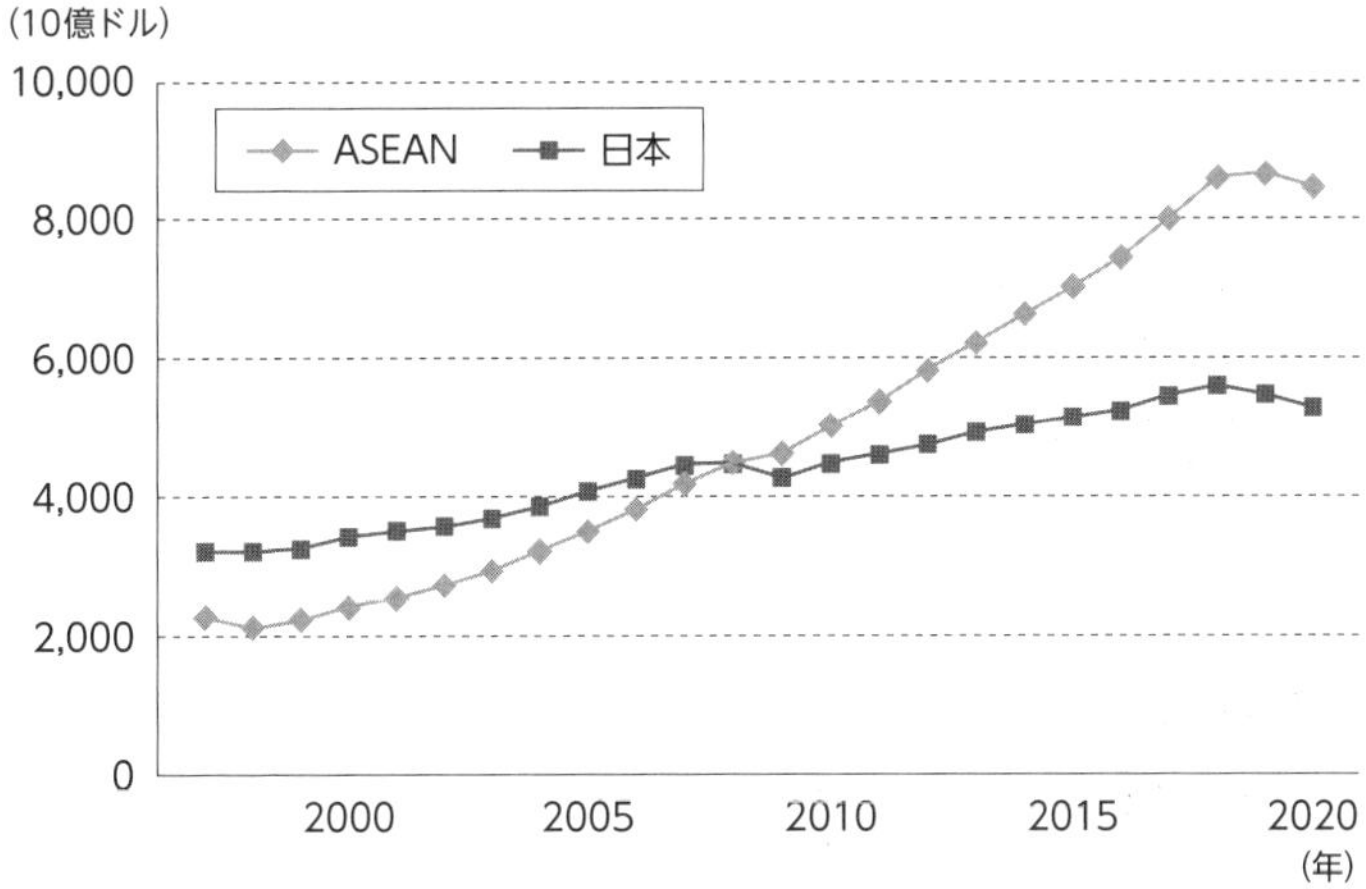

出典：IMF WEO Databaseより作成

日本のプレゼンスが低下

これほど日本にとって重要であるはずのアジア地域だが、かつて日本企業が発揮していたプレゼンスには陰りが見え始めている。

30年前、日本企業に勢いがあった時代は、モノそのものの品質や商品力の高さが評価されていた。多少乱暴な言い方をさせてもらうなら、この商品に対する信頼だけで日本製品はアジア地域において選ばれていたといえる。そして、商品力が強すぎたために、入念なマーケティングや現地法人における戦略を練り込むことをしなくても売上が拡大し、成長できたといえるだろう。

しかし現在は、商品力という圧倒的な強みが薄れている。家電であれば、中国や韓国企業の品質が飛躍的に伸びていることは誰もが認めるところだろう。もともと商品力で劣っていたこういった国々は、アジア地域でシェアを伸ばすため、マーケティングや事業戦略を入念につくり込んできた。

その基盤に商品クオリティが加わったことで、日本を追い抜く成長を実現している業界もある。

例えば、アジアにおける化粧品業界であれば、昔は品質がいい日本製品が選ばれていたが、今はKポップアイドル人気を背景に安くて品質もいい韓国製品が急速に広がっている。同様に、果物も日本産品は高いけれどおいしいと評価されているが、韓国は国の後押しも受けながら日本産の半額ほどで売り込みをかけており、大きくシェアを伸ばしている。

こういった状況は現地日本企業も十分理解しているのだが、これまで品質一本槍できたために、事業戦略やマーケティング戦略を入念につくり込めていない。この間隙を縫うように、中国や韓国、台湾の企業がアジア地域で大きくシェアを拡大している。

このような日本のプレゼンスの陰りは、データにも表れている。例えば、図1－2を見てもらいたい。

ASEANの対日貿易（輸入・輸出）総額のシェアは、2010年度に11%あったものが10年間で7・8%にまで減少してしまった。

2010年度当時、中国に次いで3番手に位置していたものが、アメリカやEUに抜かれて5番手に後退。韓国にも迫られている状況だ。2010年度と2020年度を比較した国別の対日貿易総額をみてみると、ベトナムは約167億ドルから約408億ドル、フィリピンは約152億ドルから約232億ドルへと両国だけは増加しているものの、シェアで見るとベトナムが10・9%から7・6%へ、フィリピンが13・7%から11・3%へと下がっている。逆に中国は7・4ポイントも上昇。韓国やアメリカもわずかではあるがシェアを伸ばしている。

また、外務省が発表した『令和3年度海外対日世論調査』によるASEANを対象にした回答結果によると、「自国にとって、今後重要なパートナーとなる国・機関」の設問に対して日本と回答した企業は43%と、48%を獲得した中国に抜かれ2位へ後退している（図1－3）。長らく守ってきた1位の座から転落して

図1-2　ASEANの貿易総額における相手国・地域の構成比

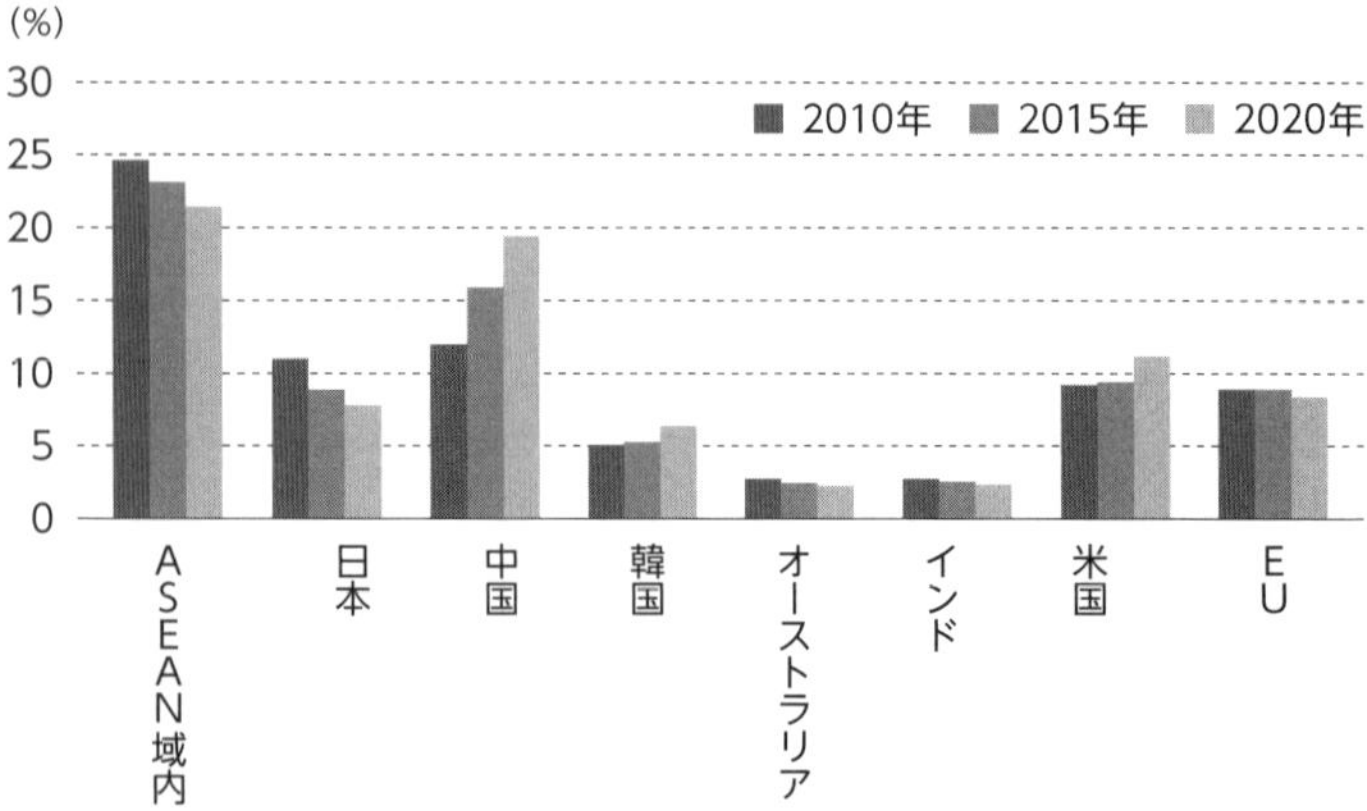

出典：ジェトロ

しまったのだ。

私は、日本企業がこれまで築いてきたブランド力（＝現地における信頼度の高さ）を「ジャパンプレミアム」と呼んでいる。かつての日本企業は、このジャパンプレミアムによって優位なポジションを確立していた。しかし、現在は先人が築いてきたジャパンプレミアムの賞味期限が刻々と迫っている。家電などいくつかの特定分野においては、すでに賞味期限切れを迎えたとも感じている。

現地に拠点を構えている日系企業も、現状を抜け出してさらなる成長を実現するために様々な取り組みを行っている。我々リブ・コンサルティングはその支援をさせてもらっているわけだが、日系企

図1-3 ASEANに聞いた「自国にとって今後重要なパートナーとなる国」は？

（N=2,700、複数回答）

相手国	2015年度	2016年度	2017年度	2019年度	2021年度
日本	44％（1位）	46％（1位）	47％（1位）	51％（1位）	43％（2位）
中国	40％（2位）	40％（2位）	43％（2位）	48％（2位）	48％（1位）
米国	39％（3位）	38％（3位）	38％（3位）	37％（3位）	41％（3位）

出典：ジェトロ「ビジネス短信」、外務省「海外対日世論調査結果」各年度より作成

業が解決すべき個々の課題の背景には、より本質的な問題があると感じている。
それが次項から解説していく、**①「危機感度のズレ」**、**②「労働力流動化の壁」**、**③「全体最適へのハードル」**、**④「日本スタイルの押し付け」**という四つの落とし穴である。

誤解してほしくはないのだが、四つの落とし穴の原因が個別各社の責任者にあるというつもりは毛頭ない。こうした問題は、現地に企業を設立し、ローカル社員を雇用して現地で取引を進める企業の経営を、外様の日本人駐在員が行うという構造からきている。つまり、どこかの誰かが悪いわけではなく、日系企業そのものの構造的な問題からきているのだ。そのことを念頭に置いて、落とし穴の存在を正確に認知し、現地経営の問題抽出に役立ててもらいたい。

本書では落とし穴やそれに対する打ち手を具体的に理解しやすくするため、20を超える実事例を掲載している。しかし、当該企業が特定されないように、業界や業態を抽象化していることをご了承いただきたい。また、進出国やターゲットとなる市場エリアについても秘匿性を保つために記載を控えている。ただし、どのケースも東アジア（中国、韓国、台湾）や東南アジア（タイ、マレーシア、シンガポール、ベトナム、インドネシア、ラオス）のいずれかのエリアで経験したリアルケースである。

落とし穴①「危機感度のズレ」
～駐在員とローカル社員の認知格差

「失われた20年」、いや近年は「30年」という言葉もあるように、日本経済は長らく低成長から抜け出せていない。図1－4にあるように、1980年代からのGDP成長率をみても非常に低い水準にとどまっている。

一方、日本以外のアジア各国はというと、徐々に低下してきているとはいえ、日本よりも高い成長率を維持している国が多いことがわかる。

ここから何がいえるだろうか。それは、この成長率の差が日本人駐在員とローカ

図1-4　アジア主要国のGDP成長率

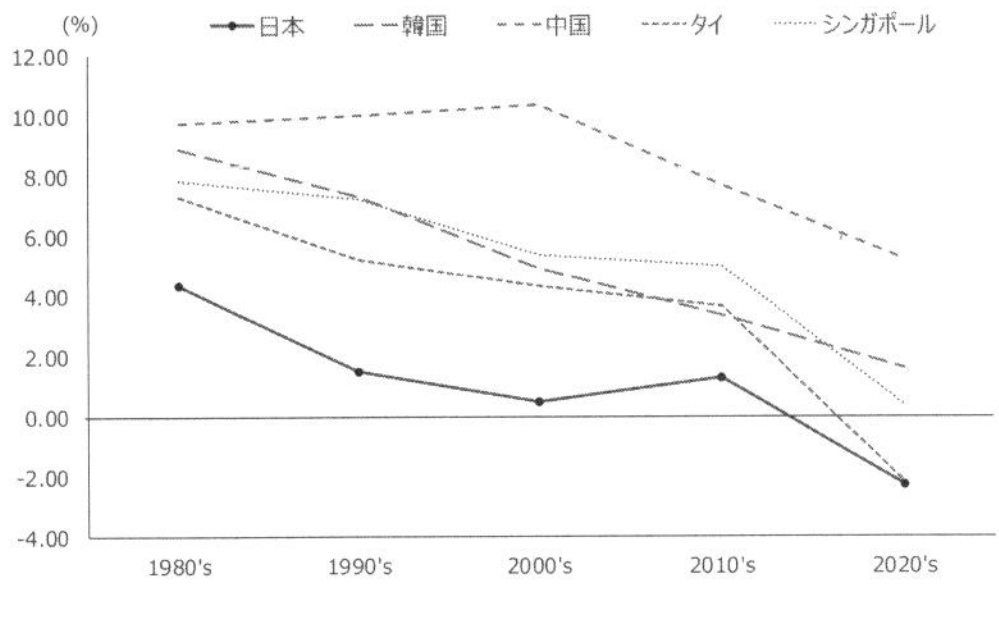

出典：World Bank

ル社員の間に**「危機感度のズレ」**を生み出しているということだ。これが一つ目の落とし穴となる。アジア各国に進出している日系企業の経営体制の多くは、「低成長時代を過ごしてきた日本人経営者」と「高成長時代を過ごしてきたローカルの経営幹部」からなり、両者には体験してきた経済環境にギャップがあるのだ。

日本人経営者は、低成長時代におけるマネジメント手法に慣れている。例えば、現場の見える化、PDCA、コスト管理など、細かく丁寧に管理し、少しずつ利益を積み上げていくアプローチだ。新たに生まれた市場でもない限り、国内市場が大きく成長することはないと考え、細かい改善を繰り返してきた。これは、どちらかというと〝危機感度の高い〟マネジメントといえるだろう。

一方、アジア各国の経営幹部となる人材はどうだろうか。多くの場合、日本よりも高い経済成長率の中、市場は着実に伸びるという感覚のもとで働いてきた。そのため、将来に向けて早めに投資し、多少のロスには目をつぶりながら、利益管理よりも売上向上に注力してきた人がほとんどだ。実際、高成長期であればこのやり方でも十分に結果を出せるものの、〝危機感度が高い〟とはいえない。

こうしたバックグラウンドの違いは、経営活動において様々なギャップを生み出している。

日本人経営者は利益を細かく管理しようと粒度の細かいレポートとＰＤＣＡを要求するが、ローカルの経営幹部はそうした細かい管理に慣れていない。そのため、日本人経営者が期待している通りの報告・活動にはならない。これは多くの日系企業に今も見られる課題である。

図１－５は、私が韓国に駐在していたときに整理した、働き方の〝違い〟をまとめたものだが、仕事の仕方から組織風土、リーダーシップまでこれほどの違いがあるとしっかり認識できている日本人経営者もローカル幹部も少ない。

そして、こうしたギャップは、将来に

図1-5　日本と韓国における働き方の違い

	韓国企業/韓国人	日本企業/日本人
仕事の仕方	・結果重視 ・直前での集中力 ・信頼関係重視 ・臨機応変	・プロセス重視 ・計画立てた仕事 ・サービス内容重視 ・ルール重視
組織風土	・上司からの命令を重視 ・成功事例は共有しない ・一匹狼型	・相談で意思決定 ・事例を共有する ・チームワーク型
リーダーシップ	・トップダウン ・カリスマ型	・ボトムアップ ・巻き込み型
※強み	・スピード重視で、素早く進める ・実行力が高い ・個の力	・積み重ねて、慎重に進める ・問題解決力が高い ・組織の力

出典：リブ・コンサルティング

対する危機感の持ち方にも強く影響する。
例えば、日本人経営者が、市場が飽和する状況を見越して、既存事業が好調なうちに新規事業開発に乗り出そうという方向性を示したとする。経営者にしてみれば、持続的な成長を実現するための危機管理の一環でもある。

しかし、既存事業が好調で、そこに時間を費やすほど自分の評価や待遇も上がるという状況の中で長く仕事をしてきたローカル幹部社員にしてみれば、「その時間を削って新規事業開発に充てろ」といわれても、その必要性を理解するのは難しいだろう。このギャップの存在を認識しないまま、また、何の対処も講じないまま「新規事業開発」を訴えてもローカル社員は形だけ取り組む姿勢を示して不満をため込むことになるだろう。
経営者側も「ローカル社員が指示に従わない」と感じて、社員との間の溝を深めてしまう。

新型コロナウイルス感染拡大によって経済が停滞したことで危機感を持ちやすくなったとはいえ、いまだにこうした感覚のズレが、日本人経営層とローカルの幹部社員が一枚岩になれない原因となっている。

ここで、両者の良し悪しを議論したいわけでは毛頭ない。

価値観の相違は、文化や経済の成長過程などのバックグラウンドの違いから生じている。そのため、こうしたギャップによる問題が生じたときに、ローカル幹部の人格のせいにするのではなく、異なる国であるがゆえの構造的な違いからくることに留意してもらいたいのだ。

認識ギャップを埋めようともしない

認識ギャップが存在しているにもかかわらず、そのギャップを埋める努力を怠っていることも問題だ。

例えば、駐在で赴任する経営者の場合、赴任してから自社が置かれている状況をキャッチアップするために数カ月は必要になる。

その際、市場ニーズや自社製品への評価など駐在員が直接触れにくい領域においては、常にマーケットと向き合っているローカル社員と認識合わせをするために何度も議論を重ねる必要があるだろう。

ところが、新規駐在員は、以前から赴任している駐在員から情報収集することが多い。結果、ローカル社員とのコミュニケーション頻度が高まらず、リアルな情報を得られていないケースが度々見られる。

過去の意思決定の経緯についても、当時立ち会っていた社員と最近合流した経営陣とでは視点や解釈が異なり、議論がかみ合わないことがある。その結果、新たに課題設定や施策立案を行う際に認識のズレが発生し、施策の質や双方の納得感に悪影響を与えているケースもある。

さらに新型コロナウイルスの感染が拡大しはじめた2020年以降は、オンライン会議の割合が増え、ローカル社員と気軽な食事の場や膝をつき合わせて議論する頻度が減ってしまい、個人的な信頼感を築きながら本音ベースで情報を得ることが難しくなってきている。

こういった危機感度や現状認識のズレを放置したままでは、組織として機能することは難しいといわざるを得ない。

また、改革を進める際には、現場の危機感が原動力になるが、危機感の薄い幹部社員がいると、経営改革のボトルネックとなってしまう。

【落とし穴に陥る日系企業のリアルケース①／ローカル社員の感度のズレ】

▼食品メーカーA社の場合

アジア各国に展開しているA社は、現地での知名度も高く、営業担当者を多数抱えていた。

取引店は、昔ながらのトラディショナルトレード（家族経営の小規模商店）で、知名度の高い主力商品もあり、ローカル社員はこの販売体制に問題はないと考えていた。

一方、駐在員は、主力商品以外の販売にも力を入れて、取引店で取り扱ってもらえる商品ラインナップを多角化する必要性を認識していた。

ローカル企業や外資企業などの競合が現地営業を鼓舞して積極的な販売戦略を展開し、シェア奪取に向けた営業組織の改革を進め、ITシステムへの投資も柔軟に行うなど攻勢に出ていたからだ。

しかし、主力商品の売上が好調であったため、ローカル社員はこの商品に依存する体制を変える必要性を感じていなかった。そのため、主力商品以外の販売努力を営業部門に促進できず、売上も伸び悩んでいた。

結果、市場に合わせた商品多角化も営業改革も促進できなかったA社は、主力商品においても競合にシェアを奪われ、危機的状況となってしまった。

▼資材メーカーB社の場合

B社は30年以上、単一商品で成長してきたが、対象市場そのものが先細りであるという認識がローカル社員にはなかった。

ローカル社員の管理者は、このままの状態でもまだまだ生き残れると考えており、何か変化を起こす必要性を感じていない。

そのため、日本人経営陣がいろいろと変革を迫っても、のらりくらりとかわすだけだった。数年も経てば、日本人経営者は交代して変革の話も立ち消えになるだろうと高を括っていたのだ。数年ごとに入れ替わる日本人経営者は腰掛けで仕事をしている、あるいは定年が近くなると赴任してくるという憶測が社内を支配していたことが、現実的な会社の実態であった。

ところが、中長期で市場を予測すると、今後、この国では対象顧客の収入が減り、B社の事業環境が大幅に悪化することが目に見えていた。だからこそ、この危機を乗り越えるには、早急に単一商品の経営から方針転換し、新商品の開発に舵取りをしていく必要があったのだ。

しかし、ローカル社員の危機感を喚起できなかったために、駐在員とローカル社員の間の溝は深まるばかりだった。

【落とし穴に陥る日系企業のリアルケース②／日本人経営者の感度のズレ】

▼アパレルメーカーC社の場合

C社の日本国内における売上は競合他社を上回っていたが、アジア支社では競合に圧倒的な差を付けられて苦汁を舐めている状態だった。その理由は、商品開発のスタンスにあった。C社は、日本人経営者が日本で売れているデザインを微調整しながら製品開発し、プロダクトアウトの発想で現地市場に提供していた。一方、競合メーカーはマーケットに詳しいローカル社員を社長に据えて、現地文化や消費者ニーズを反映させたデザインをもとにマーケットインで製品開発を実施。消費者の支持を得てシェアを拡大していたのだ。

ところが、C社の経営者は売れない理由をローカル社員の努力不足と考えたため、社内には不信感が広がり、競合との競争どころか駐在員とローカル社員との社内抗争にまで発展した。

▼化学メーカーD社の場合

D社は顧客・市場・競合など、社外の問題と戦う前に大きな落とし穴にはまってしまった。

言語の壁があり、日本人経営者は日本語を理解できるローカル幹部とだけ会話し、指示出しを行っていた。そのため、日本人経営者と直接意思疎通を図りにくい現地社員にとって、ローカル経営幹部の指示は絶対的なものとなっていた。一方で、日本人経営者も現場を把握する手段はこの幹部の情報だけとなっていた。

その結果、ローカル経営幹部は自分にとって都合がいいように情報を操作していた。社員の給与は業界最高水準となるように改変され、顧客からの不満など経営改善につながる重要な情報が日本人経営者に届かないなど、会社としてガバナンスの効かない組織となってしまった。

■落とし穴を認知するためのチェックポイント

□現地社員が「既存製品の競争力は十分にある」「既存の市場規模は、当分縮小しない」といった言葉を発している。
□来期以降の売上予測・利益予測を、十分な根拠無しで右肩上がりに描いている。
□新たな取り組みに対して、ローカル管理者からリスクを理由に反対される。
□駐在員経営者や管理者が顧客から生の声を収集できていない。
□日本人経営者が現地社員と直接コミュニケーションを取る機会がない。

落とし穴②「労働力流動化の壁」～無視できない、社員の離職リスク

二つ目の落とし穴は、**「労働力流動化の壁」**である。これは、日本人経営陣が想定している以上に、社員の離職リスクが高く、そのリスクを無視して経営すると、手痛い失敗を犯してしまうという落とし穴だ。

なぜ、離職率が高くなるのか。理由の一つとして、日本とアジア圏における転職に対する意識の違いがある。図1－6の通り、日本に比べてアジア圏では転職意向が非常に高い。といっても、企業側に問題があるために転職希望者が多いというより、自身のキャリアを築く上で転職や起業がごく自然なものとして認識されている。

特に、私の肌感覚では、都心部で働く若手優秀層の転職率が非常に高い。例えば、バンコクで勤務しているタイ人であれば、20代のうちに3回ほど転職するのが普通だ。逆に、転職していないとその人のキャリアに何か問題があるのではと勘繰られてしまうほどだ。20代から30代前半はキャリアを積んで履歴書の見栄えを整え、「腰を据え

図1-6　海外諸国における転職意向がある人の割合

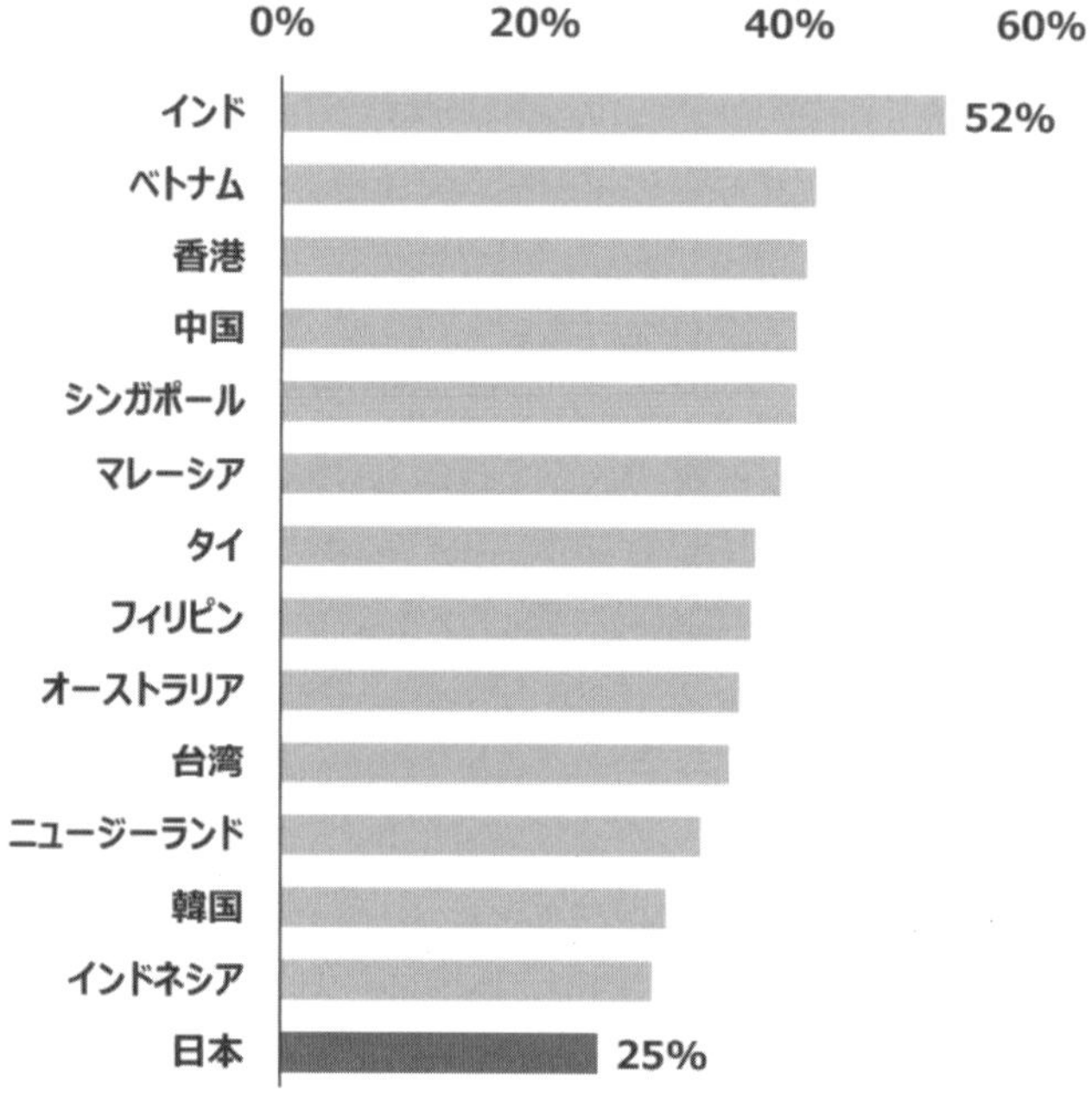

出典：経済産業省「未来人材ビジョン」

て仕事をするのは、30代後半から」という価値観が当たり前のように受け入れられている。また、転職を繰り返す背景には、収入を上げやすいという理由もある。先ほどのバンコクの例でいえば、同じ会社に勤めている場合は年に3〜5％ほどの昇給となるが、転職すると20〜25％ほど一気に給与を上げることができる。

人気の陰りを受け入れられない日系企業

とはいえ、企業側に何の問題もないかというとそうでもない。特に、日系企業の場合、高度人材にとって魅力の低さが流動性を高める原因になっているからだ。

かつてアジア圏において、日本企業は圧倒的な人気を持っていたため、ターゲットとしている人材に採用オファーを出せば採用できることが多かった。しかし、図1－7を見てもわかる通り、現在、日本や日本企業で働くことの魅力度は大きく下がってしまっている。このランキングはアジア圏に限ったものではないが、私の肌感覚としても、アジア圏においてもっとも人気があるのは欧米企業であり、次が現地の大手財閥企業となり、日系企業はその次の3番手くらいに位置している。

日系企業の魅力が低下している理由には、年収の低さや昇進の遅さもある。部長クラスの年収はタイよりも低く、昇進する年齢は10歳ほど上になる（図1－8）ので、日系企業にいるよりも日本以外の外資や現地の大手企業で働きたくなるのも理解できるだろう。

しかし、企業側としては離職率の高さはリスクになる。

育ててきた社員が短い期間で辞めていくため、ナレッジが蓄積されないし、十分な引き継ぎもない。優秀な社員が他社に引き抜かれた後、それをカバーする仕組みがないため、大きな痛手を被ることになる。

さらに、退社1カ月ほど前に退社意思を伝えて有給休暇の消化に入ってしまう

図1-7　高度人材を誘致・維持する魅力度ランキング

順位	国名
1	オーストラリア
2	スイス
3	スウェーデン
4	ニュージーランド
5	カナダ
6	アイルランド
7	アメリカ
8	オランダ
9	スロベニア
10	ノルウェー
・ ・ ・	
25	日本

出典：経済産業省「未来人材ビジョン」

図1-8　海外諸国における管理職の年収および昇進の比較

海外諸国との年収比較

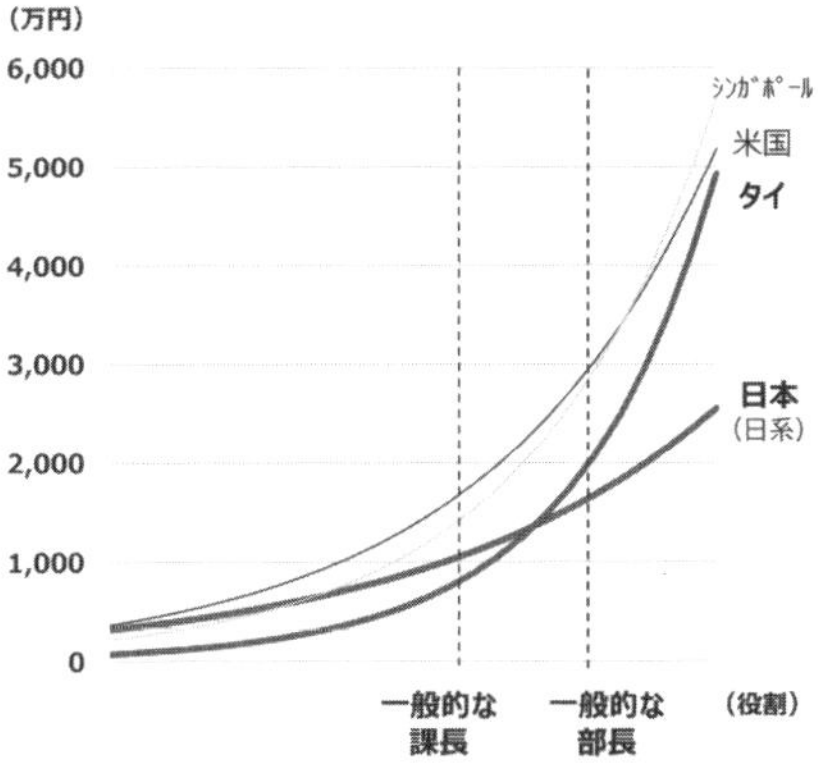

課長・部長への昇進年齢

	課長	部長
中国	28.5歳	29.8歳
インド	29.2歳	29.8歳
タイ	30.0歳	32.0歳
米国	34.6歳	37.2歳
日本	38.6歳	44.0歳

出典：経済産業省「未来人材ビジョン」

ため、引き継ぎ期間が実質1～2週間しかないといったことは珍しくない。
また、セールスが転職する場合、日本では顧客資産は会社のものであり、後を任されたセールスに引き継がれるが、アジア圏の場合、多くは自分のネットワークとして転職先へ持っていってしまう。それを予測して顧客データを会社でしっかり管理できていないと、後追いすらできなくなる。

離職率が高くなれば、当然、新しい人材を採用する必要がある。しかし、日系企業の場合、採用も楽ではないという現実があるのだ。
原因の一つは、日系企業の魅力度の低下を理解せず、オファーすれば採用できるという昔の感覚から抜け出せないままに、何の工夫もせず採用活動を行ってしまうからだ。競合する外資やローカル企業は、現地の有名大学のスポンサーとなり校内に企業ロゴを掲出したり優秀層を囲い込むための懇親会を開催したり、様々な工夫を凝らしている。これでは日系企業が優秀な人材を採用するのは、ますます難しくなるだけだ。

これが、日系企業が陥りがちな二つ目の落とし穴、労働力流動化の壁である。

【落とし穴に陥る日系企業のリアルケース／労働力流動化】

▼部品メーカーE社の場合

E社は、都心から車で1時間半ほど離れたところに工場と事務所があった。ワーカーにとっては地元密着であり理想的な職場だ。

一方、現地のホワイトカラーにとっては地方へわざわざ職探しに行く必要がないため、E社は優秀な人材の採用に苦戦していた。給与を上げて何とか採用にはこぎつけても入社後すぐ辞めてしまうことの繰り返しが起きていた。この状況に拍車をかけていたのが、日本独特の年功序列型賃金制度と硬直化した社風だった。すなわち、発揮価値や能力よりも年齢やキャリアによって評価や賃金が決まる制度だ。

若手の優秀層は新しいことをしたい、デジタルと融合した新しい価値を生み出したいという期待を持って入社しても、いざ現場に入ると魅力的な上司はおらず、チャレンジングな仕事も見当たらない。将来のキャリアモデルとなる上司から20年後の自分を想像すると、優秀層が「ここじゃない」と考えて辞めてしまうのが実態だった。

どの国でも同じだが、企業規模が小さい時代に入社した上司と企業の成長後に入社した社員では学歴レベルや保有能力に逆転現象が発生し、マインドやスキルの視点からも「それほどでもない」上司が存在するのはよく見られる光景だ。

会社としては将来有望な社員を引き留め、育てていくために優秀な若手社員を優遇したいのだが、あからさまにそれを実行すると、シニア幹部が反対し、軋轢が生じてしまう。そのため、若手社員の優遇施策は見送られ、不満ばかりがたまっていく。

E社も、知名度が高いため一定数の社員が入社することに甘え、「働いていればそのうち満足する、そして成長していく」と、若手社員にあまり投資しなかった。社員が働く場所さえ提供すればうまくいくのではないかと考え、社員の満足度管理がおろそかになってしまっていたのだ。これでは、離職率が高く、優秀層が定着しないのも当然だろう。

▼設備メーカーF社の場合

F社には、工場と販売事務所を合わせて数百名の従業員がいた。この会社の落とし穴は、人事評価制度が曖昧で、短期的成果偏重な点にあった。

主要な評価基準は、いずれも若手には不利な評価基準であるため、優秀な若手がきちんと評価されていなかった。その結果、社長が目をかけていたローカル社員も辞めてしまった。

人材を評価するにはいくつかの視点があり、短期的成果を出すことへの評価だけでなく、中・長期的な視点から将来性を評価する仕組みも両立されるべきである。しかし、F社では短期的な業績評価のみですべてを評価していたため、キャリアの長い人のほうが結果を出しやすく、若手がモチベーションを高められなかった。その結果、幹部クラスの人員が多くいる一方で、それを支える若手人材が不足している、逆ピラミッド構造となっていた。

▼電気部品メーカーG社の事例

会社の将来を考えると新規事業開発をしなければならないという課題は多くの企業が抱えている。しかし、既存業務で手一杯の社員に突然、新規事業開発に取り組めといっても、現実的には時間の制約があり、新規事業開発の経験がなければビジネスアイデアすらも浮かんでこないだろう。そのため、社内人材のみで実現するのは難しいと考え、事業開発ができる人材を外部から採用しようとする。G社も同様で、新規事業開発部の責任者となる人材を採用しようと考えていた。ところが、優秀な人材を採用するための施策はどれもうまくいかず、事業の立ち上げ自体が延期となった。

求める人材を採用できない理由は、給与水準のギャップにあった。採用すべき人材の給与水準に対して自社の水準が低すぎたのである。新規事業開発に求められる人材は、問題解決能力があり、業界に精通し、必要があればネットワークも持ってくることのできるハイスペックな人材が多い。その場合の給与は、アジアの労働マーケットでは上級管理者クラスに相当する。しかし日系企業では、いまだ一円も稼いでいない採用候補者にそうした処遇を与えられるかというと大きな壁があるのが現実だ。

また、別の壁として、人材の見極めの難しさもあった。過去に雇用したことがないタイプの人材を採用するためには、それを評価するための仕組みが必要となる。しかし、評価制度を構築するには数カ月〜一年単位の時間がかかってしまう。その間に駐在員である日本人経営者の任期満了が近づき、新規事業で赤字になっては困るので、とりあえず先送りとなっていた。

■落とし穴を認知するためのチェックポイント

□優秀な若手の離職率が高い。
□現在の人事評価制度が保有能力よりも勤続年数や業務経験を重視して評価している。
□人事専任担当者を配置せず、採用活動を駐在員が片手間で担当している。
□「一人前になるまでの期間」を3年以上と想定して育成・指導している。
□既存社員が辞めたときに業務を引き継ぐ仕組みがない。

落とし穴③「全体最適へのハードル」
～生産性に影を落とす〝個〟の優先

落とし穴の三つ目は、**「全体最適へのハードル」**だ。このテーマを理解しやすくするために、実際のケースを見てみよう。ある日系自動車メーカーの営業部長は、アジア各国のディーラー店での売上向上を目指していた。そのため、日本のディーラーで成果が上がっている営業改革手法を取り入れ、主に「営業の見える化」に取り組んでいた。顧客へのアプローチ方法、クロージングに向けた取り組みなど、様々な情報が共有され、組織としてのスキルアップは着実に進み、一定の成果も見え始めていた。一方で、どうにも進まなかったのが顧客別の営業進捗管理である。日本のディーラーが積極的に取り組んできた顧客管理用のオープンボードをアジア拠点でも取り入れようとしたが、ローカル営業社員から反発をまねき、頓挫してしまったのだ。

何が問題かを理解するために、議論を重ねていくと、ローカル営業社員から次のような声が聞こえてきた。「自分が管理している顧客の情報を、他の営業社員に共有したくない。共有してしまうと他の社員に見込み客を奪われてしまう可能性もある」、

「自身のボーナス（インセンティブ）は販売台数と連動しており、見込み客を奪われるということは金銭を奪われるようなもの。わざわざそんなリスクを冒してまで顧客情報を共有するメリットがない」といった内容だ。

組織としては顧客情報を統合管理することで、チャンスロスを減らし、アプローチの精度を高めるなど、全体最適を目指していきたいところだが、現場ではそう簡単には進まない。個人レベルで見れば、全体最適よりも個人最適に走ってしまいたくなるからだ。こうした問題は、業界特性に関係なくアジア各国で見られる傾向になっている。これを本書では「全体最適へのハードル」と名付けている。また、このケースのように、支店内で全体最適へのハードルが存在する場合もあれば、代理店とメーカーのようなビジネスパートナー内で発生するケースなど、大なり小なり規模は違えど発生している。

東南アジアは長期志向が弱い

全体最適へのハードルが生まれる背景には、何があるのだろうか。

そこには、長期志向で物事を考えるか、短期志向で考えるかの違いがある。

長い目で見て組織を強くしていこうと思えば、成果の上がった事例を分析して組織全体で共有したほうがいいことは容易に想像できる。一人、二人の突出したスター選手がいるよりもメンバー全員の能力を底上げしたほうが、組織全体の成果は安定するからだ。

スター選手とはいえ、毎月、かつ何年にもわたって好成績を維持し続けることは難しい。一方、強い組織であれば、個人のブレをメンバー全員で補完し合えるため、高いレベルで成果を維持しやすくなる。

しかし、組織力を上げるにはどうしても時間がかかる。そのため、短期志向の強い人からみれば、遠回りな活動と映るのだろう。それよりも結果を出せる人間が頑張ったほうが、目先の成果が見込めてわかりやすいし、実力のある人間にとっては都合もいい。そもそも、3年ほどで転職を繰り返すのが当たり前だと考える人にとっては、長期的視点で会社に貢献するという意識が低くなるのは当然だといえる。

全体最適のメリットは組織的な生産性の向上だ。

ある教材販売会社の例だが、一人のトップセールスのノウハウを組織で共有した結果、他の数十名のセールスの能力も向上し、一人あたりの生産性が1・7倍にもなったことがあった。もし、個人最適のままでトップセールスがノウハウを共有しなければばこうした変化を起こすことはできなかった。

全体最適の仕組みを構築することは、ＤＸの推進という面でもメリットがある。

例えば、営業の効率化を図るため営業支援のデジタルツールを導入したとする。そのツールが効果を発揮するためには、全営業担当者が顧客情報や売上見込・実績、商談の進捗状況、案件情報、タスクなどを常に正確に入力する必要がある。全体最適に向かっている組織であれば、情報入力の必要性をメンバーが理解しているため、正しいデータが蓄積され、そこから得られる情報を経営陣も活用しやすい。

しかし、個人最適の組織では、〝組織のために〟という意識が薄いので、入力のルールが徹底されず、質も量も中途半端な情報が蓄積されてしまいがちだ。そこから得られるインサイトはその価値も中途半端なものでしかなく、経営陣や管理者はその中途半端な情報に振り回されてしまう。

私は、組織力とは１＋１＋１が３ではなく、10になることだと考えている。せっかく組織を形成しているのに、そのパフォーマンスが個人の力量の単純総和であっては意味がない。

１＋１＋１を10にも１００にもするために、この全体最適へのハードルの存在を認識し、その克服に力を注いでもらいたい。

【落とし穴に陥る日系企業のリアルケース／全体最適へのハードル】

▼機械メーカーH社の事例

H社は、日系の機械メーカーであり、長い歴史の中で海外に複数のグループ会社を抱えていた。

だが、将来を見越し、そうしたグループ会社を統合することで生産性の向上、およびシナジー効果の実現を目指すことにした。

グループ各社には、それぞれの歴史や伝統があり、人事評価制度においても大きな違いがあったが、統合した上での経営の効率化を目指すために、共通の人事評価制度の構築が必要となった。

ところが、グループ各社の現地社員にしてみれば、自分が所属している会社の待遇が維持される、もしくはさらに良いものに改善されることを期待してしまう。そのため、各社の良いとこ取りの主張が始まった（＝個社最適）。

グループ統合を推進する日本人経営幹部はそれぞれの会社の問題点や言い分を聞きながら、調整を試みたものの困難を極めた。各社の意見をじっくり聞けば聞くほど時間がかかり、統合による効果も薄れてしまう。一方で、問答無用に決断すれば、将来に禍根を残すという難しい判断が迫られた。

▼オフィス機器販売I社の事例

I社は、法人向けオフィス機器の販売を展開する会社である。数百人の営業社員を抱えており、営業の生産性向上を目指して、営業支援システムを導入していた。そこには、各種データを一元管理することで、営業管理者が進捗を把握し、問題発見や施策立案を行うという目的があった(＝全体最適)。

しかし、現地の営業社員にとって、自分が開拓した顧客情報を社内で共有されることは、個人資産としてのネットワークを他社員にも共有することを意味する。そのことへの反発が生じ、自身の営業データ入力には消極的で、むしろ不正確な情報入力が目立つようになってしまった(＝個人最適)。

入力後もアップデートが行われず、そのデータを信じて下した経営判断も誤った方向に進んでいた。

▼輸送機器販売J社の事例

J社は、輸送機器を扱う地域販売会社で、現地国内に数十社の代理店を抱えて販売していた。

ただ、市場参入時に各代理店のテリトリー方針の設定や価格方針を明確に設定しなかったため、同系列の代理店で販売競争が起こっていた。つまり、各代理店にとっての競合は他社製品を販売するメーカーや代理店ではなく、同製品を販売する代理店になっていたのだ。

そうした中で、販売を統括するJ社は、自社製品を購買した顧客情報の共有化を目指して顧客データベースの構築を進めた(＝全体最適)。

しかしながら代理店は、自社の顧客データが他の代理店と共有されることを嫌い、正確な情報を入力せず、その結果顧客データベースも価値のないものになってしまった(＝個社最適)。

■落とし穴を認知するためのチェックポイント

□自社の人事評価制度が個人の業績や成果のみを評価している。
□個人のノウハウが組織に共有される場がない。
□現地社員が短期志向で物事を考えている。
□組織としての生産性向上への意識が低い。
□社員が入力するデータベースにおいて、不正確なデータ入力が目立つ。

落とし穴④「日本スタイルの押し付け」
～バックグラウンドが生むギャップ

低成長時代の日本と成長期真っ只中のアジア各国では、危機感度やマネジメントスタイルにギャップがあることはすでに説明した。当然、文化や慣習の違いからくる仕事への向き合い方にも相違がある。それならば、各国に適したマネジメントスタイルがあって然るべきだが、日系企業は、現地でも日本同様のスタイルで仕事を要求してしまう。そこに問題が発生しがちだ。

例えば、報告の仕方、会議の進め方、調査・分析の精度、アイデアの提案、部下社員への接し方、評価基準などにおいて、日本人経営者は、日本で働いていたころと同水準の仕事の仕方を求める傾向がある。しかし、現地幹部からすれば、日本ではない国で、日本スタイルを求められたところで納得感は薄いだろう。また、求める水準が曖昧な指示を受けることもあり、場合によっては不信感を持ってしまう。

実際に問題が生じた際に、ローカル幹部社員から出てくる本音は、「日本での当たり前を、この国に持ち込まないでほしい」だ。

業務と人事評価の一致が重要

昨今多くの日系企業で見られる現象について紹介したい。ここではマネジメントスタイルをスポーツに例えて、比較・考察していく。

多くの日系企業では、長らく「野球型マネジメント」を実践してきた。社員やチームにはそれぞれ詳細な役割が設定されていて、「指示を正確に理解して実行すること」が期待されるマネジメントだ。

しかし、日本の産業が力を失ってきたことで、既存事業の延長線上でさらなる成長を実現するのは難しくなっている。今までのオペレーションを改善するだけでなく、非連続成長を目指さなければならなくなってきたことで、「サッカー型マネジメント」が広がってきている(図1－9)。サッカーは、ハーフタイム以外、試合中に監督が選手に指示を出すことは難しい。そのため、ある程度の動きはフィールドプレイヤーに任されることになる。つまり、監督が考えた戦略や戦術に基づいて練習を重ね、試合になると選手たちは、「現場の状況を自ら判断して自律的に動く臨機応変さ」が求められるというわけだ。

このサッカー型マネジメントを、日本企業は現地法人にも当てはめようとする。しかも人事評価制度は野球型から変えずに、サッカー型の動きを求めてしまう。

日本人であれば、自分の担当業務や評価対象から少し外れた業務であっても自主的にチャレンジすることもあるだろう。既存事業に携わりながら、新規事業開発に向けてアイデアを考えてほしいといわれれば、業務時間外にアイデアをまとめたりするものだ。

これはある意味美徳ではあるが、それゆえに野球型の人事評価制度からサッカー型に適した人事評価制度へ変えるという動きが、なかなか前へ進んでいないのが現状である。

ところが、この状況のまま、同じことを現地法人に適用しようとするから問題

図1-9　野球とサッカーのマネジメントスタイルの違い

野球型マネジメント 

- 野球では監督やその意向を受けたコーチが指示を出し、選手はその指示通りにプレーすることが求められる。
- 各選手の役割が明確になっており、ポジションや打順はあらかじめ決められている
- 攻撃と守備も固定的に交互に展開。

- 監督が戦略や戦術を練り、采配を振るう**管理型**が最適
- 社員には、**指示を正確に理解し、忠実に実行する能力**が求められる。

サッカー型マネジメント 

- サッカーでは監督が試合中にプレーを指示することはなく、試合が始まれば、選手はフォーメーションを流動的に替えながら、自律的に動き回る。
- 野球と違い、サッカーは監督が考えた戦略・戦術に基づき、選手が試合の展開や状況に応じて臨機応変にプレーしていく。

- 経営者が経営方針や戦略を考え、やり方は現場の社員に任せる**自律型**の組織
- 社員には、**臨機応変に自ら考え、チームワークを駆使しながら、前に進める能力**が求められる。

出典：リブ・コンサルティング

が発生している。

ローカル社員は、業務と評価は一対一で結びついているものだと考える。「評価されない仕事は、私の業務ではない」という発想が強いのだ。

ある現地法人が日本本社で売り出された商品を自国でも売ろうとローカル幹部社員に打診したところ、「（その商品販売に取り組むことが）評価の対象であることをまず示してください」といわれた。

これは何ら珍しいことではなく、新規事業のアイデアを考えてほしいと依頼されても、適正に評価されないのであれば「自分の仕事があるのに、評価されない仕事をなぜやらなければならないのか」と反発するか、その場では受け入れてやっているふりをするだけだろう。

そもそも、現地法人では野球型マネジメント（＝指示されたことを忠実に実行すること）を求められ、その中で成果を出してきた人材が幹部クラスになっている。そのため、突然、自分で考えて動くことを求められても戸惑うばかりで何をすればいいのかわからないというケースが多い。

このように現地法人の状況をしっかり考えることなく、単に日本スタイルを当てはめようとしても具体的な成果は望めない。

日本スタイルの押し付けにおいては、駐在員が3～5年で入れ替わることにも問題がある。例えば、限られた期間の中で成果を出そうと、現場の意向や前任者とローカル社員間の取り決めを無視して、自分のやり方を押し付ける駐在員もいる。前任者の方針を撤回して自分流で結果を出したほうが、自身の評価を高めやすいといった心理も働くのだろう。

事業戦略だけでなく、採用方針まで変わった例もある。日本流の年収額提示では優秀人材の採用が難しいことを理解していた前任の駐在経営者が、当初の5割増しほどのオファーを提示していたが、新任駐在経営者が日本ではそんな高額な提示はしないと1割増し程度に減額したため、順調に進んでいた採用活動が頓挫したこともあった。

このように、駐在経営者が入れ替わるたびに方針が変わってしまうと、ローカル社員からの信頼も落ちていく。

こうしたことが繰り返された結果、駐在期間も終わりが近づいてくると、ローカル社員が「今の方針に従っても、駐在員が変わればまた方針が変わるのだから意味がない」となり、いわゆるレームダック状態に陥ることも多い。

【落とし穴に陥る日系企業のリアルケース／日本スタイルの押し付け】

▼化学品メーカーK社の事例

東南アジアに拠点を置くK社は、前々任の日本人社長のときに近隣国へ大々的に進出する方針を打ち出し、現地に拠点を設置し人材も配置した。

しかし、前任社長に交代したときに、すべてが変わる。

近隣国への進出方針は縮小。

さらに、前々任社長が現地ローカル社員たちに約束していたキャリアパスは反故となり、投資計画も白紙に戻されてしまった。

その代わりの方針として、製品カテゴリーの拡大に取り組むことを打ち出し、市場環境の調査に着手しはじめる。

ところが、自身の任期中に新たな製品を開発するところまで実現できずに、次の駐在社長に交代してしまった。

このようなことが3年おきに繰り返されたため、ローカル幹部は全社方針や戦略自体を信用しなくなってしまった。

新たにくる駐在員も過去の歴史や意思決定を理解している人材が少なく、ローカル幹部と意見がかみ合わない状態に陥った。

▼機械部品メーカーL社の事例

新たに着任した駐在社長は生産効率を高めるべく、ローカル幹部にコストダウンなどの改善提案を求めた。原料調達から生産工程、販売に至るまで業務内容をつぶさに洗いなおして、無駄を省くアイデアを出してほしいとお願いしたのだ。

しかし、いつまでたっても有効そうな施策は出てこなかった。

過去に、そうした検討をしたことがない中で突然、自ら考えろといわれたため、何をすればいいのかわからなかったのだ。結局、ローカル幹部はトップからの指示を待つだけで、コストダウンはなかなか進むことはなかった。

▼製薬会社M社の事例

M社では数百人ほどのローカル社員が働いている一方、日本人は駐在社長とそのサポートを務める数人しかいなかった。

社長は、会社の状況を把握するため、毎週ローカル幹部5、6人を集めて幹部会議を行っていた。

しかし、細かなところまで把握した上で戦略や方針を検討したいため、幹部からの報告に対して一つひとつ確認や指摘を入れてしまう。

その指摘は、報告書のつくり方や分析の浅さ、事前に資料を送っていないといった細かいものにまでおよんでいた。しかも、会話のやりとりは通訳を通して行うため、余計に時間がかかっていた。1時間の予定だった会議も毎回4時間ほどに延びてしまっていたのだ。

ただ、駐在社長が求めているレベルは日本人基準のものであり、ローカル幹部にとっては納得できるものではなかった。

現地の一般的な企業の文化では、社長や部門のトップは大きな方針を出して、あとは幹部に任せるというのが主流だった。そのため、重箱の隅をつつくようなことばかりいう駐在員に対しては、「自分たちは信頼されていない」と感じていた。

■落とし穴を認知するためのチェックポイント

□駐在員の経営幹部が高頻度で変わる。
□給与水準を現地水準ではなく、日本の水準に当てはめて決定する。
□「サッカー型」スタイルを強要しながら、「野球型」人事評価制度を実践している。
□前任者のやり方を一新して、新しいやり方を推進する風潮がある。
□報告方法やレポートの形式に対して、日本の形式をそのまま取り入れている。

Chapter 2

11個の防御策で、成功を「メカニズム化」する！

それぞれの落とし穴に対応する、防御策の考え方とは……

前章では、日系企業経営者が陥りがちな落とし穴について紹介した。海外で日系企業の経営を担ってきたビジネスパーソンの中には、これらをすでに認知し、問題解決に取り組んできた人も多くいるだろう。

しかし、そうした問題に対して、効果的な施策を打てているだろうか。今回紹介した四つの落とし穴は、短期的に発生する問題ではなく、日系企業という構造に根差した本質的な問題ばかりである。そのため、自然と解決するものでも、時間とともに軽減するような問題でもない。

駐在員の役割の一つは、こうした問題を積極的に解決し、成功確率を高め、企業をより良い未来へ導いていくことにある。

その第一歩として、四つの落とし穴へ正しく対処することを推奨したい。「落とし穴」と表現している通り、穴にはまってしまうと抜け出せなくなりがちだが、適切に認知し、対処すれば避けられるものばかりだ。

そこで本章では、落とし穴を回避し、日系企業経営を成功へと導くための具体的な防御策を成功のメカニズムとして紹介する（62ページ図2－1内の縦軸）。

これらは私が担当したコンサルティングプロジェクトで実際に成果が出た施策であり、一定の効果を保証できるものばかりだ。そこでまずは、11個の防御策について理解を深めるためにも、その根っこにある考え方や発想の起点について触れたいと思う。


我々リブ・コンサルティングでは「経営」を考える上で重要視していることがある。それは、「環境」「戦略」「組織」「人材」の一貫性だ。

実際、経営に課題を抱えている企業が、環境の変化に対して、戦略や組織を適応できていないケースを数多く見かける。例えば、市場はガソリン車からEVへシフトしようとしている傾向があるにもかかわらず、基本戦略を変えられず、ガソリン車ユーザーが減少しない前提で戦略を立てているケース、EVシフトを前提に戦略立案したものの、それを実行するための組織や人材が不足しており絵に描いた餅で終わってしまうケースなどがその典型だ。

まさに、「茹でガエル理論」のように、徐々に変わりゆく環境に気づくことができないまま、何も変えられず窮地に陥っている日系企業もある。

ただ、環境から人材に至る一貫性を保つためには、起点となる環境の変化を正しく理解する必要がある。そこから逆算して今何をする必要があるのかを把握しなければ、戦略や組織、人材を環境に合わせることなどできない。また、駐在経営者とローカル幹部が思い描いている将来の市場環境において、時間軸と範囲軸がズレていることもある。

例えば、駐在経営者は5年後の市場動向予測から自社の在り方を考えて戦略を語ろうとしているのに、ローカル幹部は1年後の主力商品の販売予測から逆算して戦略を考えているというケースもある。これでは両者の間で課題を共有することも、同じ土俵で戦略を検討することもできない。

こうしたケースにおいて、時間軸と範囲軸をそろえて将来の会社や事業を把握するためには「シナリオプランニング」が有効であり、変化に合わせて戦略を再構築し、幹部間で共通認識を持つために「ミッション・ビジョンの見直し」や「経営幹部合宿」が効果的な打ち手となることがある。

「営業」「製造」「人事」の施策においては、「仕組みづくり」と「見える化」を基盤に置いた施策を紹介している。人の意志や行動、性格といったものは簡単には変えられない。その前提に立って働きやすさや成果の出やすい環境を整えていくには、「仕組み化」したほうが、効果が出やすいからだ。

3～5年で駐在員が入れ替わったとしても、社内に仕組みをつくっていれば、人が変わることによるデメリットを最小限に抑えることができる。見える化にこだわるのは、「見えないものは改善できない」からだ。また、日本人とローカル社員というギャップがある両者で同じ土俵に立って議論するには、見える化した上で、数値化しなければ議論をスタートできない。

このような視点を具体的な施策に落とし込んだものが、11の防御策である。

四つの落とし穴に対して、それぞれの防御策が「どこの落とし穴に効果を期待できるか」については図2－1にまとめている。各防御策は、イニシアティブを発揮すべき部門がわかるように、「経営」「営業」「製造」「人事」と機能別に分類してある。

ここで紹介する防御策は、それぞれの内容だけで一冊の書籍ができ上がるほど奥が深い内容だが、今回は主なポイントにフォーカスし、基本となる考え方、アウトプット事例、および期待効果に絞って紹介していく。

図2-1　成功のメカニズム（四つの落とし穴と11個の防御策）

11個の防御策 ＼ 四つの落とし穴		①危険感度のズレ	②労働力流動化の壁	③全体最適へのハードル	④日本スタイルの押し付け
経営	1. シナリオプランニング	■		■	
	2. 長期ビジョンの見直し	■		■	■
	3. 経営幹部合宿	■		■	■
営業	4. 購買心理軸での行動管理	■			■
	5. 勝ちパターンの見える化	■	■	■	
	6. 提案営業による価値向上	■	■		■
製造	7. ライン別利益の見える化	■		■	
	8. 適正人員の見える化	■			
人事	9. 人事制度の一貫性改善		■	■	■
	10. モチベーションの見える化		■	■	■
	11. 戦略的採用		■		■

■……落とし穴に有効な防御策

出典：リブ・コンサルティング

防御策①「経営編」／シナリオプランニングにより、同一の危機感を醸成

人間誰しも〝不都合な真実〟には目を向けたくないものだ。頭のどこかではその存在を感じているものの、より安易な、自分にとって都合のいい想定にすがりたくなってしまう。経営においても同様のことがいえる。真実に目を向けない限り、現実的な戦略は構築できないだろう。ここで紹介する「シナリオプランニング」とは、将来的に発生確率の高いシナリオを「ベスト」「ベース」「ワースト」というリスクの度合い別に複数描き、それらの可能性をはっきり認識した上で、各シナリオに対する施策を検討する手法である（図2－2）。なぜ、複数のシナリオを描く必要があるのかというと、長期的な市場の見通しや競合企業の予測などは不確実性が高く、将来シナリオを一つに絞って考えるのは非現実的だからだ。また、不都合な真実から目を背けないためにも、ベストシナリオだけでなく、ワーストシナリオも予測しておくことで、臨機応変に対応できるようになってくる。

例えば、自動車部品製造業の場合、自動車の販売量によって部品の製造量が上下す

るため、売上を伸ばすといっても自社にできることは限られている。そのため、対象市場における自動車の売れ行きや政府方針の変更など、市場環境を変化させる要因をもとに複数の未来を予測して対策を検討・実行できる体制を整えておくことが重要だ。

　ある日系機械部品メーカーも、シナリオプランニングによって数年先の自社売上をベストケース、ベースケース、ワーストケースの3パターンで未来を予測した。このうちベストシナリオでは売上が過去最高と見込めるが、ワーストシナリオとなった場合は現売上の7割程度にまで落ち込むという予測となった。この数字を目の当たりにした駐在経営者やロー

図2-2　シナリオプランニングの概念

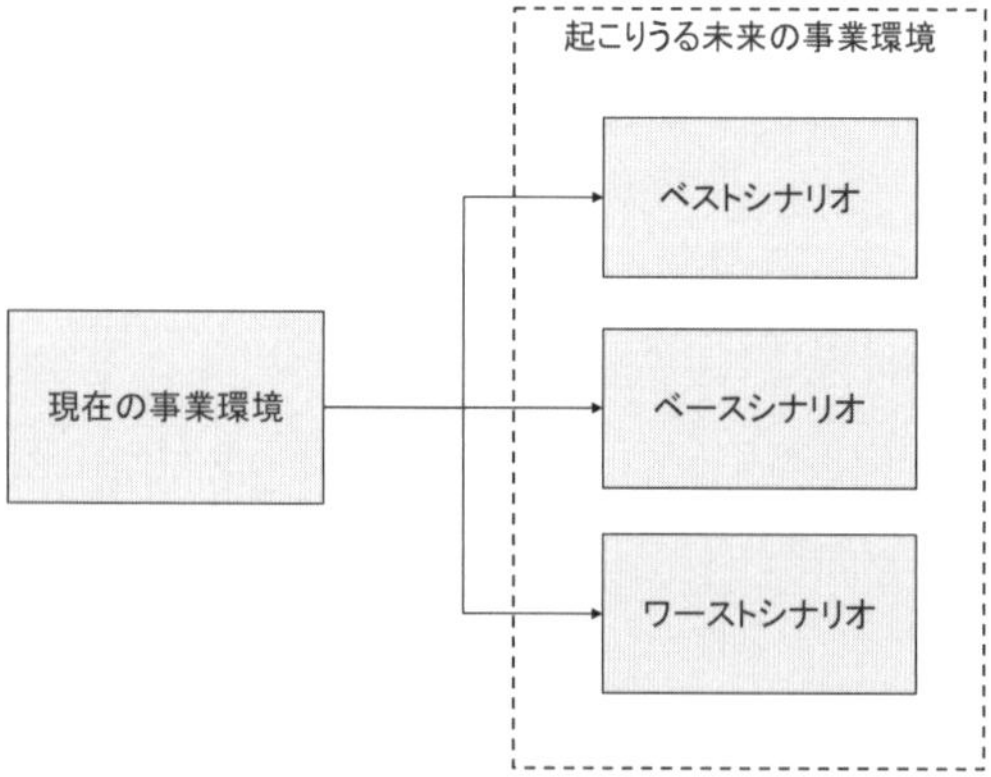

出典：リブ・コンサルティング

カル幹部は、すぐにはこの予測を受け入れられなかった。ワーストシナリオが現実のものになれば、会社は倒産もあり得るほどの窮地に陥るからだ。それに、誰しもが自分たちにとって都合のいい未来として「事業環境が悪化しても、ベストケースよりも多少悪い程度だろう」と楽観視していたからだ。ただ、各シナリオは徹底してロジカルに導き出した予測であるため、ワーストシナリオであっても発生確率は低くなく、無視すべきではないという合意を経営幹部内で得られた。そこで、ワーストシナリオであっても利益を確保できるように生産性向上やコスト削減を徹底的に実行した。その結果、事業環境が大幅に悪化しても、利益を出せる事業体質へと改善することに成功した。

実は、シナリオプランニングは未来予測による戦略的効能だけでなく、組織風土の改善にも効果がある。ワーストシナリオをしっかりと共有することによって、企業内で同一の危機感を保有できる。そして、最悪のシナリオが現実になった場合に備えて戦略や対応策を検討する場を持つことで、組織としての一体感も高めることができる。

また、現実がワーストケースよりも良い状態になった場合、より大きなメリットを享受することができるだろう。

シナリオプランニング作成の詳細は、他の専門書に譲るが、作成プロセスは図2－3を参考にするといいだろう。

図2-3　シナリオプランニングの作成・活用プロセス

1. 関連業界のメガトレンドの抽出・整理

・将来に影響を与えるメガトレンドの洗い出し
・各メガトレンドに関するエビデンスを整理

↓

2.初期シナリオの抽出

・メガトレンドの影響を考慮し、複数の初期シナリオを作成
・実現可能性の低いシナリオを排除

↓

3.主要シナリオの設定

・各シナリオについて自社にとっての機会と脅威を把握
・ベスト、ベース、ワーストの3タイプのシナリオを導出

↓

4. 主要シナリオを前提としたアクションプランの策定

・3タイプのシナリオに対する対応方針を決定
・各方針に基づいたアクションプランの策定

出典：リブ・コンサルティング

防御策②「経営編」／ローカル社員を巻き込んだ長期ビジョンの見直し

「ビジョン」の策定というと、特に目新しさは感じないかもしれないが、これを「現地拠点のありたい姿」と考えるとどうだろう。自社のありたい姿を、10年スパンでビジョンとして示している日系現地企業は少なく、日本の本社が掲げているビジョン・ミッションをそのまま使っていることがほとんどだろう。ところが、本社のビジョンやミッションはアジア各国では抽象度が高いと感じられ、ローカル社員にとっては「結局、何が言いたいのかわからない」ことが多い。そのため、ミッションが形骸化してしまい、業績や組織づくりには何ら貢献できていないケースが多い。また、日本でつくられたミッションやビジョンは「結局、日本本社を儲けさせるためのもの」ととらえられ、ローカル社員をしらけさせてしまうこともある。

しかし、アジアにおける企業経営においては、ビジョン・ミッションの内容によってローカル社員のモチベーションが劇的に高まることを、私は何度も経験してきた。特に、自身の国家を豊かにすることと関連づけてミッションを設定すると従業員の気持ちを鼓舞しやすいことがわかっている。典型的な例として、従業員のモチベーション低下が課題になっていた食品製造会社での事例を紹介しよう。

同社の加工工場で働く従業員たちの業務は単純作業の繰り返しで、業務内容にやりがいを見出すのは難しい状況だった。ビジョンはあったものの抽象度が高く、メッセージが明確になっていなかった。そこで、創業者やローカル幹部にインタビューを行いビジョンに込められた幹部の思いを解きほぐしていった。

まだその国が貧しかった時代、創業者は食べたいものが食べられない、つらい少年時代を過ごした。そんな体験を未来の国民には味わってほしくない、誰もが気軽においしい食品を食べられる国にしたいという想いを持って創業したことがわかった。こうした想いが伝わるビジョンに変更したことで、従業員から大きな共感を得られ、モチベーションも高まり、現場の実行力や生産性が飛躍的に上昇した。ミッションやビジョンには自社の売上やシェアなどの業績目標ではなく、製薬会社なら「健康な国をつくるため」、教育会社なら「10年後の我が国を豊かにする人材を育てるため」といったように、国に対する貢献や身の回りの誰かを幸せにするという方向性でミッションやビジョンを設定したほうが従業員の気持ちに響きやすくなるだろう。国によってグラデーションはあるものの、アジア地域ではこの傾向が強いように感じている。

ビジョン設定はローカルメンバーも巻き込んで

このように、単純な業績計画だけではなく、「顧客の満足度」や「社会からの認知」、「従業員の満足度」や「自社の存在価値の発揮方法」などを含めた肌触り感のある「ありたい姿」をビジョン・ミッションで表現することが大切だ。そのほうが自分事化をしやすく、働く理由や意義をイメージしやすいからだ。

実は、私が支社長を務めるリブ・コンサルティングのタイ支社も、タイ支社独自のビジョンを設定している。タイ支社のローカルメンバーに、タイの経済や社会の問題点を洗い出してもらい、「自分たちがコンサルティングを通じてどのように貢献できるか」を議論して「心の底から実現したいと感じるビジョン」を徹底的に考えてもらったのだ。結果、メンバーが見出したビジョンは「タイのサステナビリティを高める」というもの。メンバーは議論を通して、この言葉に込められている想いを共有しているため、主体者意識もコミットメントも大きく高まった。ビジョンが明確になれば、そのために必要なアクションも見えてくるため、行動がブレることも少なくなったと感じている。

実際の議論には非常に時間がかかり、アウトプットを整理するのも大変だが、こうしたミッションやビジョンのローカライズは大きな効果を見込める施策の一つだ。

また、日系企業における改革のブレーキ要因となりやすい経営陣の異動サイクルを考慮すると、駐在員経営者が帰任した後も引き継がれるような時間軸でビジョンや戦略を示しておきたいところだ。5～10年というスパンは、シナリオプランニングで想定しやすい範囲であり、かつ駐在員経営者の一般的な任期（3～5年）を超えた時間軸であるため、ローカル社員に安心感を与えやすい。

ビジョンを効果的に浸透させるにあたって注意しておきたいことがある。それは、「Ｗｈｙ」「Ｗｈａｔ」「Ｈｏｗ」のストーリーと合わせて説明することだ。日系企業の中には経営理念やビジョンはあるものの、ローカル社員から納得感を得られていないケースが多い。その原因を深掘りしていくと、「そもそも、なぜ理念やビジョンがそのように定義されているのか」を社員が理解できていないことが多い。それらを改善するためにも、ＷｈａｔやＨｏｗだけでなく、Ｗｈｙについて、経営者から想いを語っていくのがいいだろう。

ミッション・ビジョンの構築・浸透ステップは、図2－4を参考にしてもらいたい。

図2-4　ミッション・ビジョンの構築・浸透ステップ

ステップ	ポイント
シナリオプランニングで 中長期の事業環境を可視化	（防御策①を参照）
現地法人独自の “ありたい姿”を模索	・駐在員ではなく、ローカル幹部社員が中心となって考える ・５年～10年という長いスパンで考える
現地法人独自の “ミッション・ビジョン”を議論	・駐在員とローカル幹部社員が対等に議論する ・ローカル幹部社員が主体的に決められるようにファシリテートする
“ミッション・ビジョン”を社内に 浸透	・社内への説明会を実施し、ローカル幹部社員から説明してもらう ・日ごろからWhy-What-Howのストーリーを意識したコミュニケーションを行う

出典：リブ・コンサルティング

防御策③「経営編」／改善方針を決定する「経営幹部合宿」を実施

ここで紹介する経営幹部合宿の狙いは、日本人とローカル幹部社員双方の理解とコミットメントを確認することにある。

落とし穴のところで幾度も触れたが、日系企業が機能不全に陥る原因の多くは、日本人駐在員とローカル社員との意思疎通が不十分なところに起因する。日本人駐在員は、頭のどこかに「数年で日本へ戻る」という意識があるためか、現地の会社の歴史や風土を十分に把握するという姿勢が弱い。

ローカル幹部社員もそのような雰囲気を敏感に感じ取って、もしくはそれまでの日本人駐在員の様子から学んで、「そのうちいなくなる人」と冷めた目でとらえ、意思疎通を図ることに積極的ではないケースもある。また、与えられた業務をこなすことで評価されてきたローカル幹部社員は、自らの仕事を全うすることを優先する傾向が強く、新たに問題解決を進める意識が弱いためか、幹部同士でも問題意識がそろわないという日系企業も多数ある。

こうした事態を打破するための有効な施策として、我々がよく実行しているのが「経営幹部合宿」だ。

これは、日本人幹部やローカル幹部が5～10名程度で集まり、1泊2日の泊まり込みでテーマを決めて徹底的に議論する場である。日常業務から離れ、中長期目線で問題とその解決方針を議論するだけでなく、幹部同士が親交を深める場にもなる。

合宿では図2－5にあるように、「改善方針の一致」までのプロセスを、図の矢印の順番に進めていく。最初に行うプロセスである「参画メンバーの一体感」とは文字通り、日本人駐在員とローカル幹部社員が相互理解を深めるプロセスで

図2-5 「改善方針の一致」までのプロセス

出典：リブ・コンサルティング

である。

また、参加者一人ひとりがプロフィールシート（図2－6）を作成してメンバー同士で共有する。

プロフィールシートには、趣味や座右の銘、どのような人生を歩んできたのかといったかなりプライベートなところまで踏み込んで記入することが大切だ。そういった過去の経験や人間性を知ってもらえれば、業務上での発言も「こういう歴史のある人だから」「こんな信念・考え方を持っている人だから」などと理解してもらいやすくなる。

私は、合宿初日の夜に経営幹部全員参加型の飲み会を企画して相互理解を深める場を設けている。そうすることで「あるべき姿のイメージ化」以降のプロセスにおける議論がスムーズになるからだ。

次のプロセスである「あるべき姿のイメージ化」は、3年後、5年後、10年後の理想とする状態のブレストを行うプロセスだ。業績や顧客満足、従業員満足、社員数、働く環境など、できるだけリアルにイメージして書き出していく。多少現実離れしていても構わないので、参加者それぞれが考える理想像を示してもらい、それについて意見交換することが大切だ。

図2-6 「プロフィールシート」作成見本

〈フォーマット〉

Profile Sheet

Name		**Favorite food**		(Face Photo)
Birthday		**Favorite movie, TV drama, book**		
Place of birth				
Hobbies		**Favorite place** you have been to		
Favorite quotes				

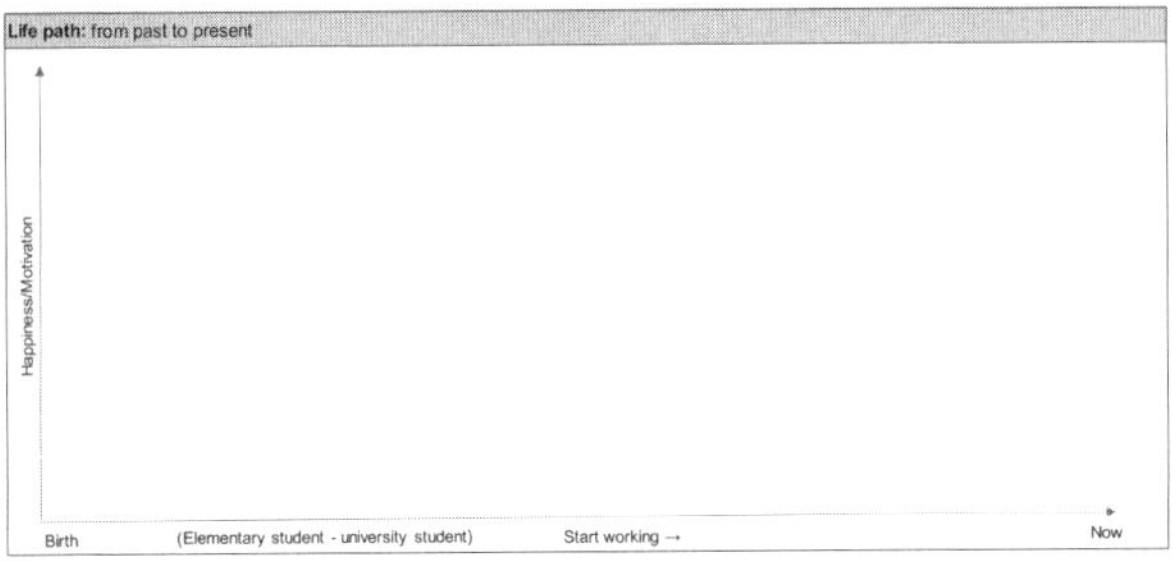

〈作成事例〉

Profile Sheet

Name	Mr. XXXX	**Favorite food**	- Pad thai, Sushi, Asahi beer	
Birthday	1st January	**Favorite movie, TV drama, book**	- Shawshank redemption, Terminator, Buddhist books	
Place of birth	Chonburi, Thailand			
Hobbies	Travel, play with children, play soccer, watch soccer	**Favorite place** you have been to	- Khao Yai, Phuket, Hokkaido	
Favorite quotes	Stay hungry stay foolish			

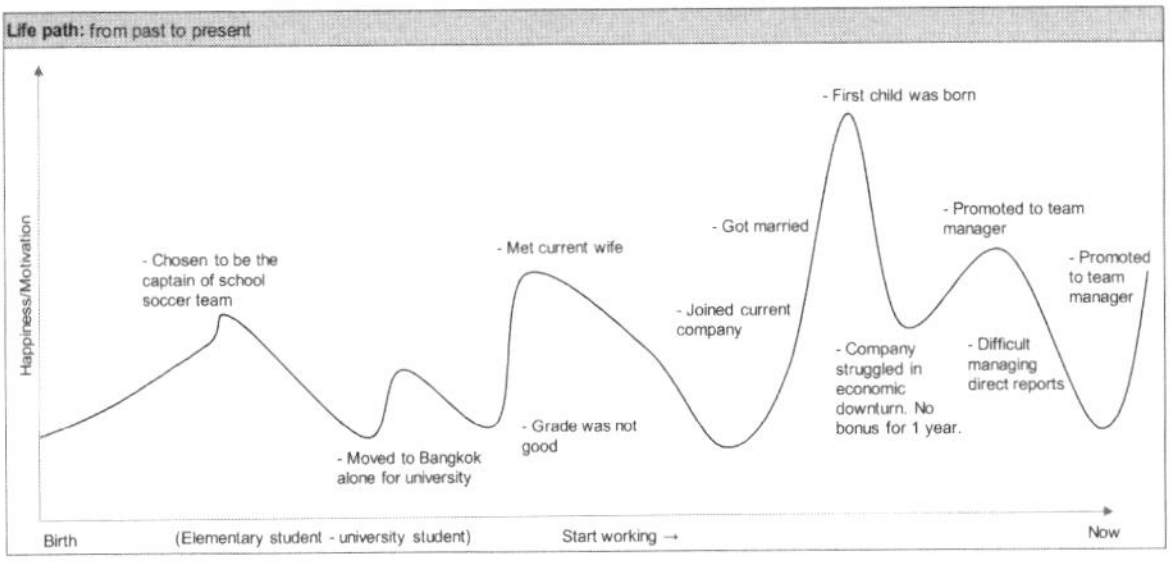

出典：リブ・コンサルティング

三つ目のプロセス「現状の確認」では、過去の調査結果や事前に行った社員への意見収集、業績など定量的データを用いて自社が現在置かれている状況を把握し、参加者同士で共有。そこから「あるべき姿」へ持っていくためには何が課題なのかを抽出し、それぞれを構造化していく。

あるべき姿とは理想像であるため、現状とのギャップは大きく、様々な課題が浮かび上がってくるだろうが、課題一つひとつの因果関係や相関関係を調べていくことで、「この課題が解決すれば、この課題も解消できる」といったように課題をグルーピングしていくことができるはずだ。こういった相関関係を把握・整理し、緊急度や重要度を評価していくことで優先順位も見えてくる（図2－7）。

さらに、優先度の高い問題点に対して期待効果や取り組みやすさの軸で評価することで、有効な解決策を導き出せる。

ここまでのプロセスが、「問題点の共有」と「問題点の優先順位付け」「解決方針の共有」ということになる。

こうしたプロセスを経て、「改善方針の一致」が可能となり、優先順位に沿って、「誰が、何を、いつまでにするか」を明確にして全社員に明示することで、社内の最優先事項を実行していく。この合宿により、①3カ年の改善計画と実行責任者が決まり、②危機意識が浸透し部門を超えた会話が増え、③問題解決能力が高まり、④合宿後の実行力が高まる、という大きな変化と効果が見られる。

こうした経営幹部合宿の場では「正解よりも『納得解』を探る」ことを重視している。駐在員は完璧な正解を求め過ぎる傾向があるが、納得感の薄い正解をつくってもその後の実行が伴わず、形骸化する可能性も高いため、実行力が高まる「納得解」を落としどころとするほうが良い結果につながりやすい。

また、コロナ禍においても、最初の「参画メンバーの一体感」醸成プロセスだけは、全員事前に検査をした上で同じ場所に集まってもらいランチ形式で実施した。対面にこだわるのは、オンラインでは雑談が生まれにくいからだ。本論とは違うところから会話が生まれて、そこから人間関係が構築されるという効果は想像以上に大きい。さらに、対面の場合は議論がクロスして自然発生するため、高揚感も得やすくポジティブな雰囲気が醸成されやすいという効果もある。こういった空間を共有することで相互理解が深まることを思えば、駐在経営者も後ろの席で見るだけでなく、ローカル幹部社員たちと同じテーブルにつき、一緒に議論に参加することをお勧めしたい。

図2-7　優先順位付けのアウトプット例（営業改革のケース）

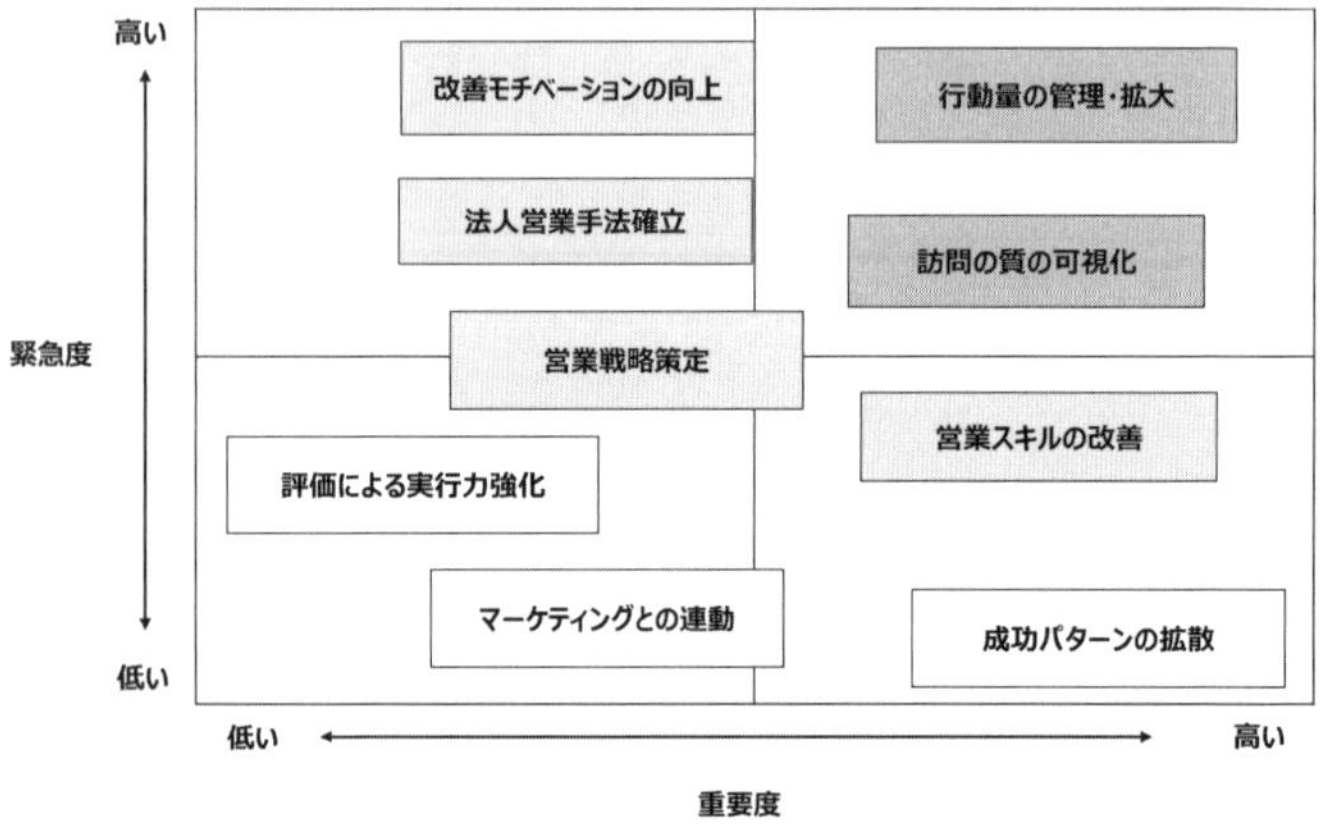

出典：リブ・コンサルティング

防御策④「営業編」／変化する「購買心理」を軸とした行動管理を

商品やサービスを売るには、適切な手順を踏む必要がある。〝できる〟セールスパーソンは、意識しているか無意識かは別にして、適切な手順を踏んでいることがほとんどだ。この〝適切な手順〟というのが、購買心理に沿った営業プロセスである。

図2－8は、自動車販売における購買心理を例示している。左側の（買えない理由）は、顧客の心理状態を表したハードルであり、同時にセールスパーソンが乗り越えるべきハードルである。何らかのアクションを取り、顧客の心理状態が右側へ変化したら、一つ上のハードル解消に取り組むということを繰り返し、最終的に「満足」という状態に到達することで、再購買や顧客紹介につながり、営業成果として現れることとなる。それでは、「不安」のところから解説していこう。「不安」とは、顧客が営業担当者のことをよく知らないために漠然と不安を感じている状態である。初めて訪れる場所や初対面の人に対して抱く居心地の悪さと言い換えてもいいだろう。まずこの不安を取り除いて「安心」に変えなければ、顧客に話を聞いてもらうことすらでき

ない。次のステップは「不信」の状態から「信用」を得る段階になる。顧客にとっては、目の前の営業担当者が製品や業界事情に関する専門知識を持っているのか、自分の悩みや相談に的確に対応できる力があるのかといったことが気になるだろう。そのため、セールスパーソンは自分が信用に足る人物であることを示す必要がある。ここまでが顧客と商談するための基盤であり、信用を勝ち取った後に、ようやく具体的な営業活動に進むことができる。「不要」→「必要」以降は、顧客の買いたい気持ちを高めるためのステップだ。自社製品の必要性や、他社製品よりも自社製品が最適なことを感じてもらう。ただ、「最適」で止まってしまっては、そのうち買えばいいと先延ばしにされる可能性もあるため、すぐにでも買ったほうがいい理由を示して購買意欲を高める。このように「不急」のハードルを乗り越えることができれば、顧客の購買心理はほぼ購入する前提にまで高まっているため、予算面でどう折り合いをつけようかという前向きな姿勢で価格交渉にのぞんでもらえる。

実は、購買心理を軸とした営業では、図2－8にある七つのハードルを必ず下から順番に乗り越えていく必要がある。例えば、はじめに「この商品、今キャンペーンで安いですよ」と話を振っても、商品に必要性を感じていなければ安くても買わないし、不安や不信ハードルを解除できていない状態では警戒され、相手にされないだろう。

図2-8　自動車販売における購買心理とは？

購買心理とは……
購買するまでに変化する顧客の気持ちのこと

ハードル（買えない理由）	例）自動車販売　典型的な考え	ニーズ（買いたい気持ち）
不満	本当に買って良かったのかな？ 次買うときも、あそこのお店で買おうかな	満足
予算不足	予算内に収まるかな？ オーバーしたら買えないな	予算内
不急	今、急いで買う必要はあるかな？ 半年後にボーナス入ったときでもよいかな	至急
不適	私に一番合っているのは、どの車かな？ 他店を見に行く必要はないかな？	最適
不要	今の生活に、本当に車は必要かな？ やっぱり、必要ないかもしれないな	必要
不信	この営業マンは自動車について詳しい人かな？ きちんとアドバイスをしてもらえるのかな？	信用
不安	このお店は大丈夫かな？ この営業マンはちゃんとしている人かな？	安心

出典：リブ・コンサルティング

この場合、顧客は「あなたを信用できないので買いません」とは言わず、「今は予算不足なので」と別の理由で購入を断ることが多い。営業はハードルをいくつも飛ばしてしまっているため、不買の要因がどこにあるのか把握できず、「不信」を感じている顧客に「さらなる値下げ」を提案して粘ろうとするかもしれない。ただ、信用していない相手がしつこく勧誘してきたら、どう感じるかは想像できるはずだ。

購買心理とセールスステップで営業活動を管理

購買心理で営業活動を管理していくと、営業担当者がどこで行き詰まっているのか、顧客との認識がどのようにズレているかを可視化することもできる。図2－9は、縦軸に購買心理の流れを、横軸にはセールスステップとして営業担当者の行動を示したものだ。重要なのは、縦軸の購買心理は下から上へ一つひとつ順番を守りながら進んでいく必要があることだ。一方で、横軸のセールスステップは購買心理の流れに合わせて、スキップして進めてもよい。成功のシナリオは、右上に伸びる矢印のステップを順に踏んでいくことであり、〝押し付ける〟ことなく、顧客の声を聞きながら進めることで、商品の購買・リピートに到達することができる。

図2-9　購買心理をどう活用するか？

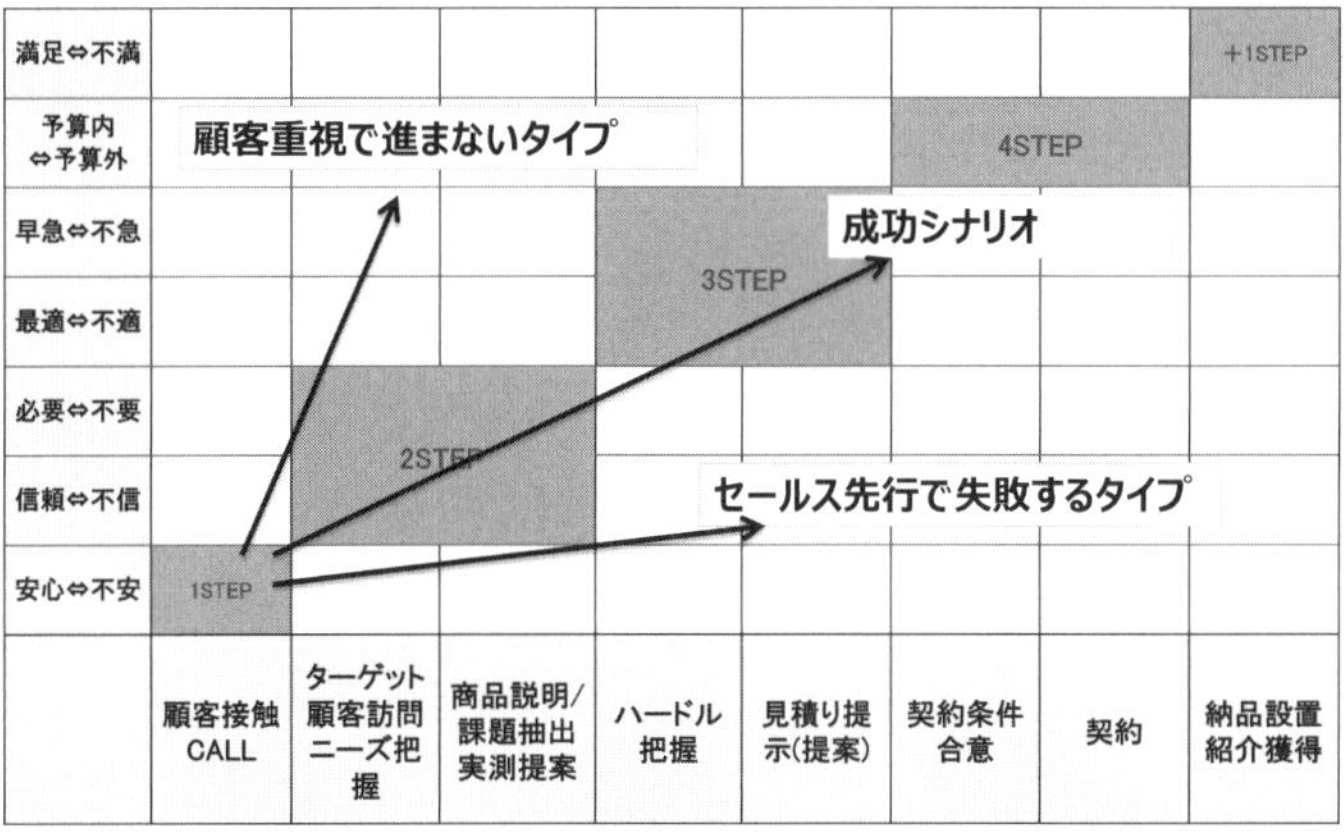

出典：リブ・コンサルティング

反対に、ダメな営業方法の一つは、先ほどの「不信」のハードルを越えることなく、いきなり「予算」の話を持ち出したりする「セールス先行」タイプだ。

現地市場における購買心理とセールスステップの関係性を理解していない日系企業では、往々にして、購買心理の上昇度を無視して交渉ばかり前へ進めようとして失敗するケースが多い。逆に、顧客は買う気になっているのに、それを察することができず、セールスステップを進められない弱気タイプもまずい。営業担当者自身は、顧客を大切にするあまり時間をかけているのかもしれないが、顧客にしてみれば、買う気があるのに商談が進まずイライラしてしまうだろう。結局、競合他社に顧客を奪われてしまう結果になりかねない。そのため、商談の進捗に従って、購買心理とセールスステップの進捗度を確認することが重要になる。

顧客の購買心理はどの段階にあるのか、その上昇度に見合った営業活動をしているのか。

定期的に確認しながら進めていくことで、契約を勝ち取る可能性を高められる。

国によっては、「とにかく安ければ買う」と考える人もいるかもしれない。確かに、人によって考え方に多少のバラつきはあるものの、私の経験上、アジア地域においてもこの手順を守ったほうが、確実に成功確率は上がっている。

防御策⑤「営業編」／会社として、「勝ちパターン」の見える化を徹底

かつてのアジア市場では、日本製品は突出した商品力によって営業力が弱くても売れていた時代があった。もちろん商品や業界によって様々だが、今となっては日本製の商品力のアドバンテージは薄れており、商品力以外の要素であるマーケティング力や営業力で勝ちにいかなければならない時代となった。しかし、マーケティングや営業力という視点では、他国からの進出企業に後れを取っているケースが多い。そうした背景からも、現地市場における営業機能の改善は急務の課題といえるだろう。

しかし、ローカル社員の育成を進めるだけではなかなか改善は進まない。まず大きく立ちはだかるのが、労働力流動化の壁である。人材育成に投資してスキルを高めても、社員は辞めていってしまうこともある。営業スキルが高くなった分、自分の市場価値は高まっているのだと判断すれば、それに見合った給与を出してくれる会社へ移るのは当然の選択肢となるからだ。それに、営業の得手不得手は人によってバラつきが大きく、大きな売上をつくれるトップセールスと呼べるのは数％しかいないだろう。そ

こで、トップセールスの「勝ちパターン」を可視化して全営業担当者で共有できる仕組みをつくれれば、組織営業力を大きく底上げすることができる（図2－10）。

ある日系食品企業の取り組みを一つ紹介しよう。同社が抱えていた課題は、①売上の大半が既存顧客に依存し、新規顧客を開拓する体制が構築できていない、②ベテラン営業社員への依存度が高く、売上の50％を占めている、という二つだった。

この対策として、大きく二つのことに取り組んだ。一つは、ターゲットリストを作成し、新規顧客への営業活動の効率化を推進したことだ。現在取引のない潜在顧客をリストアップして、「かつて取引があったが、ここ3年以上取引がない顧

図2-10　勝ちパターンの共有による営業組織の能力強化

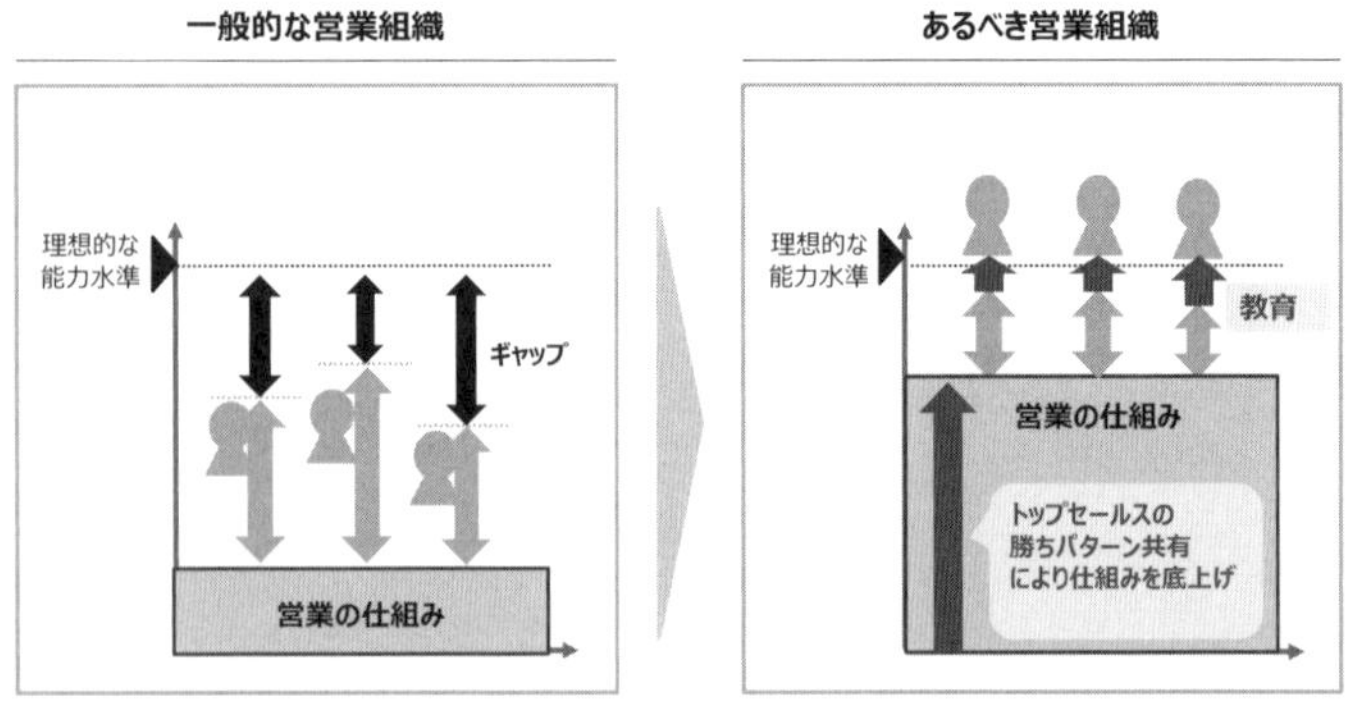

出典：リブ・コンサルティング

客」「取引実績はないが、担当者レベルでの面識がある」「取引実績はないが、決裁権限を持つキーマンとの面識がある」「一切のつながりがない」といったランク付けをもとに優先度を明確にした潜在顧客リストを全営業社員に共有した。もう一つが、新人でも成果が出せる仕組みを構築して、個人への依存度を減らしたことである。仕組み化では、新規顧客アプローチの勝ちパターンを徹底的につくり込むこと、そして、見える化した勝ちパターンに沿って、ヒアリングから提案までの活動手順を徹底的にトレーニングした。加えて、従来の購買部門ではなく、発注のキーマンとなるR&D部門とのアポイントをターゲットとしたことも効果は大きかった。

ノウハウの開示にはインセンティブを

勝ちパターンを見える化するためには、トップセールスのノウハウを提供してもらう必要がある。実はこれが、なかなか難易度が高いのだ。トップセールスにしてみれば、自分のノウハウが社内に広まると、それまでつくり上げてきた自分の地位が脅かされることになってしまうため、ノウハウを開示することに抵抗するケースが少なくない。また、トップセールス自身、感覚的に動いているだけで、なぜ自分が売れるのか言語化できないケースもある。後者の場合は、日本人駐在員が一緒になってトップセールスの営業活動を分解して、通常のセールスとトップセールスの差異を洗い出し、有効な活動を抽出していくことで勝ちパターンの見える化はできるだろう。日本企業では、営業の全体最適化に取り組んでいる企業も多いため、日本国内の手法を参考にすればいい。問題は前者のケースだ。解決策としては、ノウハウの開示に対してインセンティブをつける方法がある。インセンティブといっても金銭に限ったものではない。ある日系企業のプロジェクトでは、「ベストプラクティス・マーケット」というイベントを開催した。そこでは、優秀な営業社員に「成果に結びついた営業方法（ベストプラクティス）」を発表してもらい、全営業社員の投票によって最優秀者を選出し、表彰する。このイベントでは、殺伐と競争させるのではなく、ゲーム感覚を盛り込みながら楽しめるように工夫していた。イベント独自の架空紙幣をつくって、投票する営業担当者が、自分が実践したいと思ったノウハウに紙幣を払い、最終的にもっとも売上額が多かった営業担当者が表彰されるという仕掛けを採用した。優勝者には賞金として1万円ほど贈呈しただけだったが、多くの営業が喜んでノウハウを開示してくれた。「会社のためだからノウハウを提供しろ」と命令するのではなく、ちょっとした工夫でノウハウを開示しやすい状況をつくることが効果的だ。

防御策⑥「営業編」／「提案営業」で顧客のニーズを的確につかむ

「モノ売り営業」から「提案営業」へのシフトは、高価格帯製品を販売する日系企業の多くが挑戦しているテーマである。

しかし、ほとんどの企業でうまくいっていないのが現実だ。その原因は、かつて日系企業同士で取引が成立していた影響が大きいと考えられる。

以前は、日本人の駐在員が、日系企業の日本人を顧客として営業することが多く、ローカル営業社員は通訳や資料集め、日程調整といったサポート役を担うことが多かった。

ところが、事業環境の変化によって日系企業同士の取引だけでは事業継続が難しくなり、ローカル企業への営業活動を強化する必要性に迫られた。ただ、ローカル企業が相手となると言葉や慣習の壁があるため、日本人駐在員が営業するよりもローカル社員が動いたほうが効果的だと考え、ローカル社員に主体的に営業活動を任せるようになっていった。

しかし、その営業スタイルではモノ売り営業になりがちだ。

かつて日本製品が最高品質と評価されていた時代は、モノ売り営業でも十分に結果を出すことができた。しかし近年は、モノ売り営業が通用しなくなってきたため、ローカル社員にも提案営業を求めるようになっている。とはいえ、ローカル社員にしてみれば、突然提案営業をしろといわれても何をどうすればいいのかわからない。その結果、提案営業は浸透せず、成果を出せずにあがいているという企業が多いのではないだろうか。事実、弊社がコンサルティングで関わった日系企業の7〜8割は、当初、モノ売り営業から抜け出せずにいた。

では、モノ売り営業と提案営業は具体的に何が違うのか。それをまとめたのが図2－11である。

モノ売り営業は、商品情報や特徴などを顧客に伝えて「いかがですか」と売り込む営業スタイルなので、製品力で勝負するしかない。しかし、中国企業や韓国企業などの製品力が高まってきたため、相対的に日本製品の優位性が失われつつあること、日本製品は価格が高いので価格によるメリットを提示しづらいことなどが原因となり、モノ売り営業では結果を出すのが難しくなっている。

図2-11 「モノ売り営業」と「提案営業」の違い

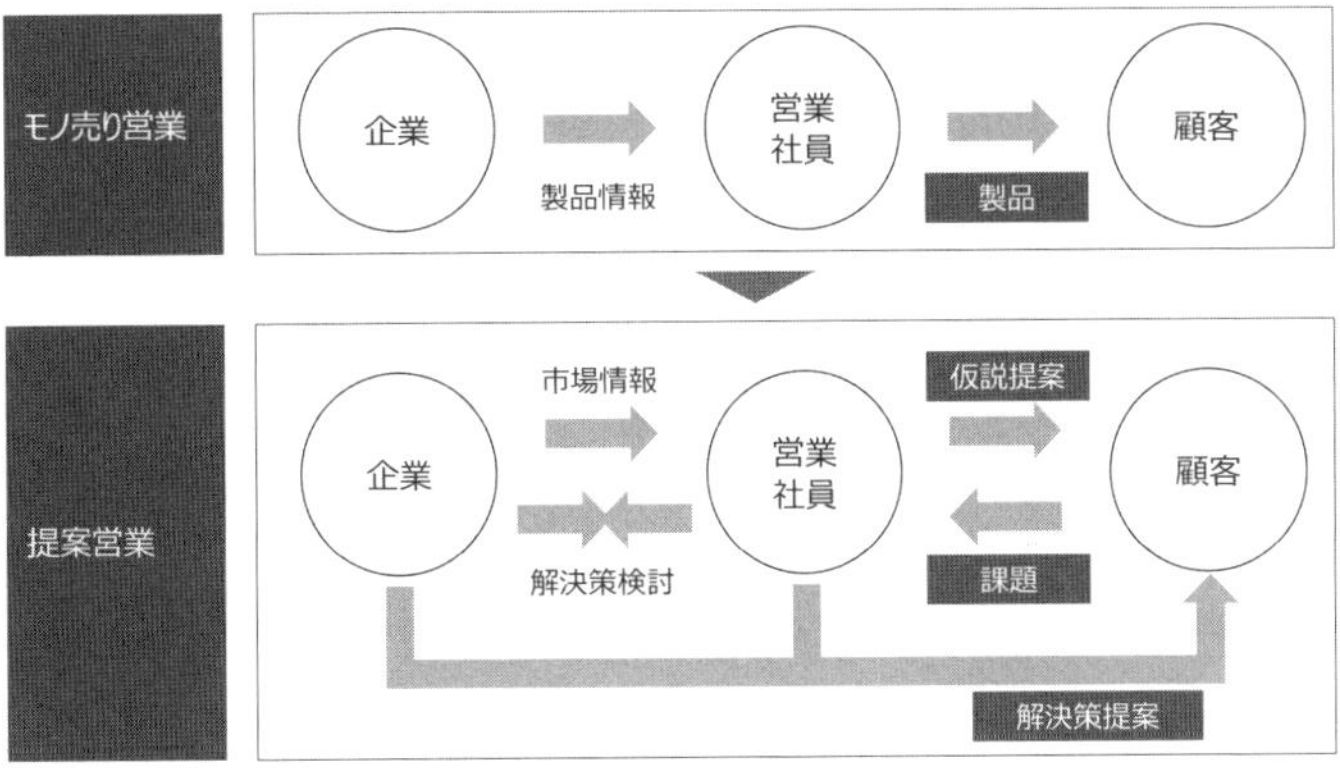

「モノ売り営業」から「提案営業」にシフトし、その質を高めている企業が成果を出している

出典：リブ・コンサルティング

一方、提案営業は顧客が置かれている市場環境や顧客情報などから顧客が必要としているソリューションの仮説を立てて提案する。顧客に仮説をぶつけることで、より深い課題感を聞くことができるし、たとえ仮説が多少外れていてもそこから話が発展し、顧客の困り事や課題を精度高く引き出すことができる。そして、顧客から受けたフィードバックをもとに、担当者個人だけでなく企業・組織としてPDCAを回し提案内容の精度を高めていくことで、契約を目指すという営業スタイルである。

なぜ、組織としてバックアップするのかというと、顧客の課題を解決しようとすると、既存の商品だけでは難しく、新たなソリューションを開発する必要があるためだ。提案営業は「困っていることを解決してくれるから」「企業としての差別化を実現してくれるから」といった製品以外の価値を提供できる分、顧客の満足度が高くなりやすく、信頼も得やすいという強みがある。

初期仮説の壁は仕組みで乗り越える

日本のビジネスパーソンからすると、提案営業はほとんどの現場で実践されている営業手法であり、「いまさら感」が強いだろう。

しかし、アジア地域における日系企業の現場では、先述のように長らくモノ売り営業が通用してきたという歴史がある。

そのため、駐在員として赴任した日本人経営者や幹部の頭の中には提案営業のイメージはあるのだが、それがローカル社員に浸透していかないという壁にぶつかってしまうのだ。

この壁を乗り越えるには、提案営業が失敗する要因を構造的に理解する必要がある。図2－12を見てほしい。提案営業がうまくいっていない要因には、大きく「初期仮説の壁」と「修正サイクルの壁」の二つがある。

初期仮説の壁とは、提案内容の質が低いため、商談の土俵に上がることができないケースだ。

提案の質を上げるためには、必要な情報を的確に収集する「情報収集力」と、集めた情報から顧客の課題を抽出して解決策を構築する「仮説構築力」が欠かせない。しかし、慣れないうちから的確な情報を集めて仮説を導き出すのは難しい。

そこで、一つの方法としてマーケティングの4Cの視点に基づいた「仮説立案シート」を載せておくので活用してほしい（図2－13）。

図2-12　提案営業の成功を阻む壁

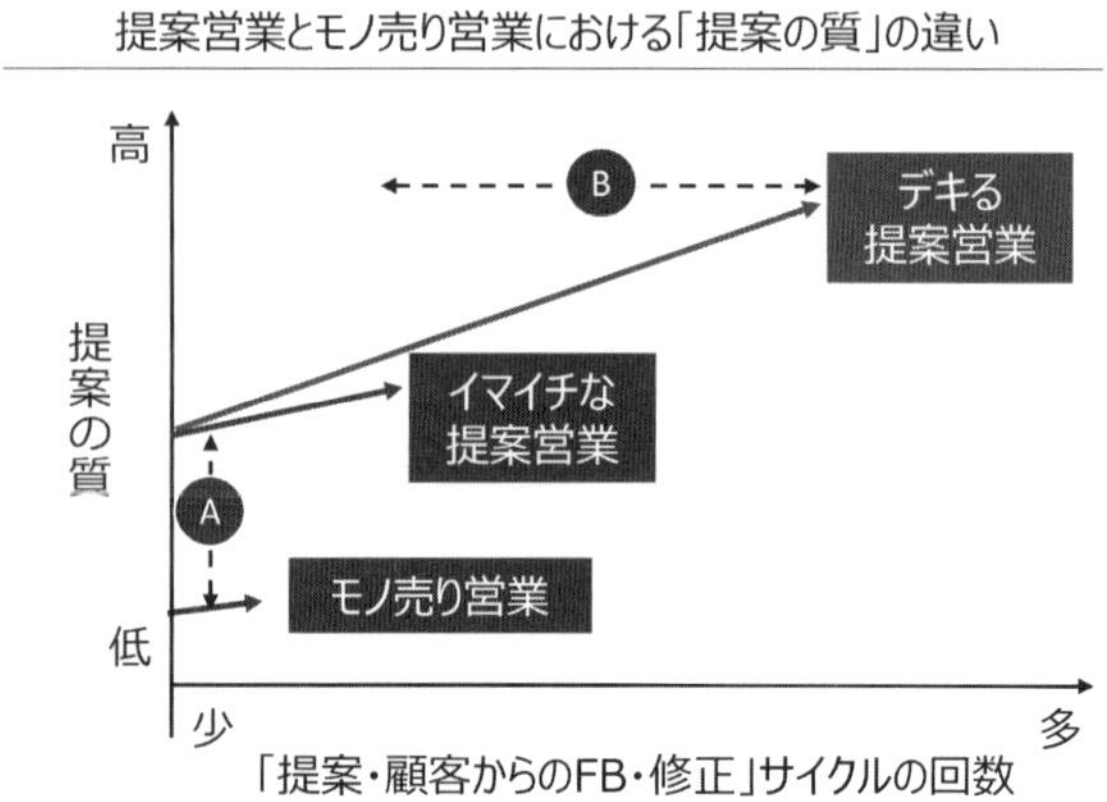

提案の質を阻む壁

Ⓐ 初期仮説の壁

- 初期提案の質が一定水準を超えていなければ土俵に上がれない
- そのためには、初期段階での情報収集及び仮説構築力が重要

Ⓑ 修正サイクルの壁

- 初期提案後のすり合わせサイクルの回数を増やしながら提案の質を上げていくべきだが、それを軽視してしまう方も多い。
- 修正サイクルをどれだけ回したかは提案の質の向上に大きな影響を与える。

出典：リブ・コンサルティング

図2-13　仮説立案シート

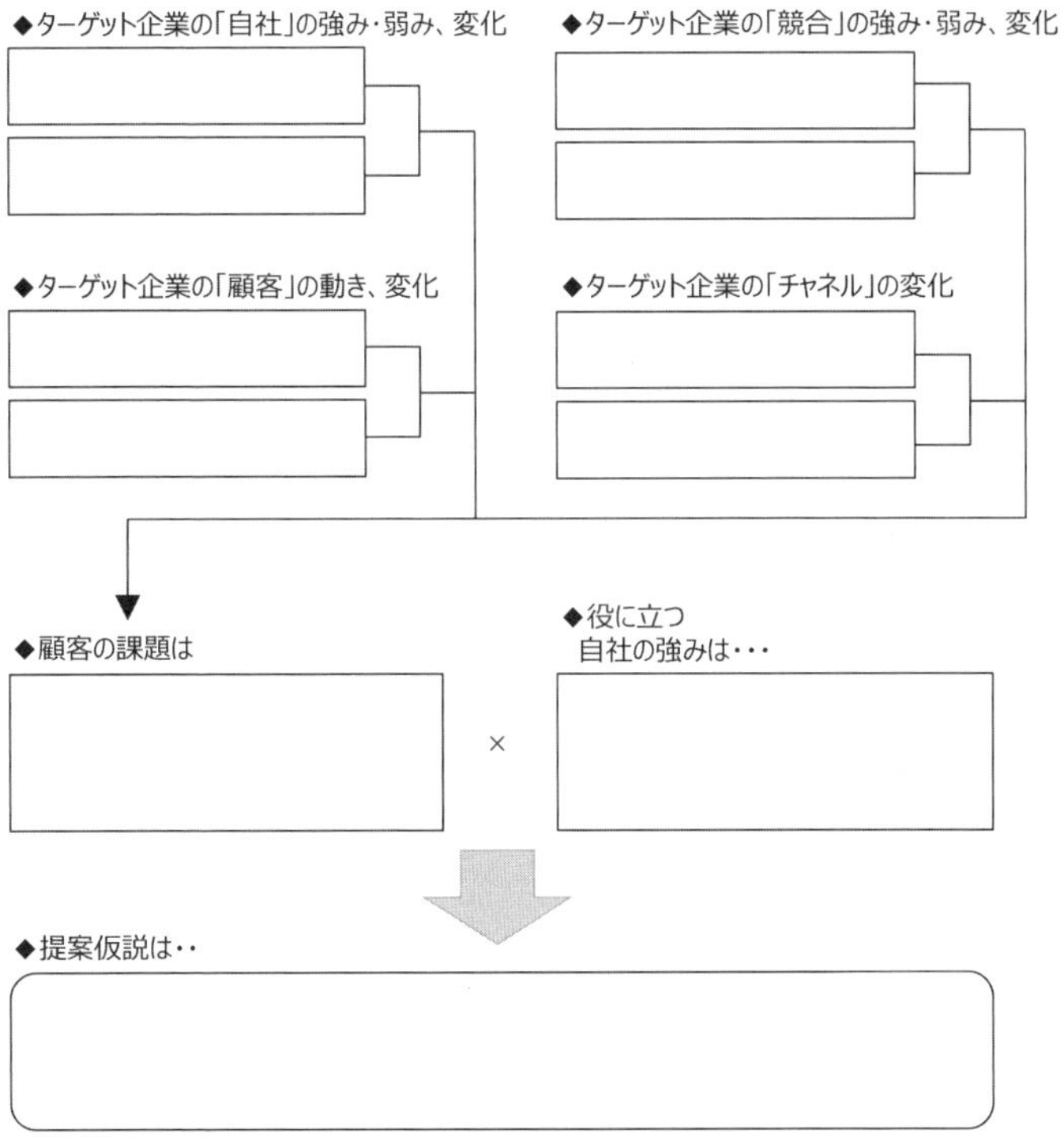

出典：リブ・コンサルティング

このシートをもとに、いかに仮説を導き出すのかについて研修やOJTを通してローカル社員に教えることで、提案の質は着実に上がるはずだ。また、顧客の課題に基づいて自社商品をプレゼンする際には、FABE分析（図2－14）を活用すると効果的だ。これは、提案のコンセプトや訴求方法の分析に使えるフレームワークである。

このFABEを製品ごと、またターゲットごとにすべて作成してマニュアル化しておくと、慣れていないローカル社員も顧客の心をつかむ提案営業を実践しやすくなるはずだ。このほかにも、提案営業に活かせる分析手法やワークフレームは多数あるが、その詳細はマーケティ

図2-14　FABEとは？

① 特徴	: Features	…	特徴、機能、性能、仕様、価格など事実
② 優位性	: Advantages	…	競合と比較して具体的に優れた点は何か
③ 便益	: Benefits	…	競合に対して有意な特徴・機能・仕様を手に入れると、どのようなメリットを顧客は手に入れるか？
④ 証明	: Evidences	…	顧客を納得させるような裏付けやデータ、事例

《サンプル：業務用冷蔵庫を飲食店に販売する際の事例》

特徴 Feature	カタログ等に記載されている容量や形式、冷蔵室や冷凍庫、野菜室が付いている/いない、大きさ、価格などを明示する。
優位性 Advantage	「省エネ性能が20%高まっている」「今までの冷蔵庫と比べスリムになっていながら、容量を大きく確保できている」など、旧製品や他社との違いなどで、良くなっている点などを説明する。
便益 Benefit	「この冷蔵庫を使うと、省エネ効果で、従来のものより光熱費を削減でき、御社のような飲食店であれば年間●●万円のコスト削減につながります」など、対象者の特徴に合わせた具体的な“便益”を伝える
証明 Evidence	実際に使用感を体感してもらったり、実証実験の結果を数値やグラフで見せたり、他企業での導入実績などの事例を伝え、「やっぱり、自分の判断は正しい」と顧客に納得して頂く。

出典：リブ・コンサルティング

ングやセールスの専門書に譲りたいと思う。

スモールWINでモチベーションを引き出す

もう一つの「修正サイクルの壁」とは、ローカル社員が途中であきらめてしまうという壁だ。

初期仮説が、どれほど質が高くても、最初から顧客が100%満足いく仮説となることはほとんどない。多くの場合は、顧客から指摘を受けて自社へ持ち帰り、数日のうちに修正した提案を再度、顧客にぶつけてみることを繰り返しながら提案の質を上げていく。しかし、なかなか提案が受け入れられない状況が続くと、途中でローカル社員の心が折れてしまうことが少なくない。その回数は日本人が考えているよりも短く、私の感覚値ではあるが、1〜2打席ノーヒットだと、3打席目に立つことをあきらめてしまうように思う。

ただし、こればかりは粘り強さといった性格や気質が絡んでくる問題であるため、仕組みだけで解決するのは難しい。そこで、最初のうちは1、2回の商談で契約できる難易度の低い案件を担当させて、成功体験を積ませることによって提案営業の良さを実感してもらうのがいいだろう。提案営業によって新規顧客の開拓に成功し、さらに、取引が継続・拡大するようになれば、売上向上という自身にとってのメリットを実感し、がぜんやる気を出すようになるはずだ。

もう一つ大切なのは、マネジメント側が営業担当者に任せて放置しないことだ。顧客の中には、何度も提案の修正を求めてくるところもある。それを面倒臭がって、「後は任せたから」と放り投げてしまうと、営業担当者のモチベーションが大きく下がり、あきらめる原因をつくってしまうことになる。そのため、営業担当者が提案営業の必要性に気づくまでは、提案営業に慣れている日本人駐在員が「しっかり面倒を見る」と腹を括り、その姿勢を態度で示すことが大切になる。

日本人は言葉の壁などもあって、ローカル社員とのコミュニケーションに及び腰になり、仕事を任せきりにしてしまうところがある。

ある企業のプロジェクトでは、駐在経営者とローカル社員も英語があまり得意ではなかったため、私たちが間に入ってコミュニケーションのハブを務めたこともある。提案営業に限らず、新しいことに挑戦してもらうからには、密にコミュニケーションを取りながら、どう考えればいいのか、何をすべきなのかをしっかり教え、駐在員自らが行動で示すことが必要になる。

防御策⑦「製造編」／「ライン別利益の見える化」で全体最適を実現

日系企業が抱える課題の一つに、製造部門のコスト削減がある。その方法には、調達する材料の見直しやムダの排除などによるコスト削減、人員の削減などいくつかあるが、私がここで勧めたいのは、生産ライン別の利益を見える化することで、ムダを省き、各ライン別の利益を最適化する活動だ。

日系企業の多くは工場総原価でしか原価管理ができておらず、どの費目に、どの程度のコスト削減余地が存在するのか明らかにできていないところも多い。多少細かく管理しているところでも、製品別のコストと利益を管理するところで止まっていることが目立つ。しかし、製品別の利益管理の場合、たとえ改善できたとしても利益全体におよぼすインパクトはどうしても小さくなってしまう。製品点数が数百、数千点もあるような場合、一つ、二つ製品を整理しただけではたいしてコストは削減できないからだ。また、顧客との取引上、利益を二の次にしてでも生産しなければならない製品というものもある。このように、製品別の利益管理では、大きなコスト削減効果は期待しにくいのが現実だ。

その点、ライン別利益管理は、管理する粒度がちょうどいい。通常、一つの製造ラインでは複数の製品を生産している。製品タイプによってばらつきはあるが、製品総点数が数百、数千あったとしても、製造工場内の生産ライン数は数十ラインに収まるだろう。そのため、いくつかのラインの無駄をなくし効率化を図るだけでも、相応のインパクトが期待できるわけだ。また、製品別で改善活動を行おうとすると、製品提供先である顧客との交渉が発生するケースが多いため、製造部門だけで完結しにくい。日系製造拠点では、製造部門と営業部門での調整には多くの意思決定者が関わることとなり、改善活動が停滞してしまうことがある。

改革の初期段階で早期に成果を出すことを考慮すると、まずは製造部門だけで完結できるラインの最適化は効果的な施策といえるだろう。

稼働率×営業利益で改善すべきラインを可視化

では、生産ライン別利益をどのように見える化するのかについて説明していこう。

まず製品ごとに、製品を一つつくるための材料費・労務費・経費を算出する。これは製品ごとの原価計算データがあればつくれるはずだ。これにライン別の生産個数を掛け合わせる。電気代や販売管理費など共通コストは、ラインの稼働率に応じて配賦すればいいだろう。これをラインごとの売上額から引いて営業利益を割り出せばいい。

次に、ライン別の稼働率を横軸に、ライン別の営業利益を縦軸にして、各ラインをマッピングしていく。すると、稼働率も営業利益も低いライン、稼働率は高いが営業利益は低いライン、稼働率は低いが営業利益は高いライン、稼働率・営業利益ともに高いラインを可視化することができる。ここから優先して改善していくべきラインを選び、なぜ、稼働率や営業利益が悪いのか、原因を特定していく。

ちなみに、生産設備が有効活用できているかどうかを評価する際は、OEE（Overall Equipment Effectiveness：総合設備効率）を利用するといい（図2－15）。

これは、「時間稼働率」「性能稼働率」「良品率」からその設備の生産効率を見える化する手法だ。

例えば、あるラインの1日あたりの計画稼働時間が480分で、1分あたりの目標生産個数が30個、目標良品率が99％だった場合、この目標数値と実際の数値データを比べることで、どこに問題があるのかがわかる。時間稼働率が悪い原因は、故障や機器調整が発生したからか、生産工程に問題があるのか。性能稼働率が悪い場合は、製造担当者の力量に問題があるのか、設備の性能に難があるのか。良品率に問題があるのであれば原材料のバラつきが原因か、検査機の設定ミスかなどと原因に見当をつけることができるので、あとは現場に入って一つひとつ原因を特定すればいい。これによって、稼働率が低く赤字を出している製造ラインを集約し、ムダなラインを停止すればライン別利益を改善できる。一つの生産設備が老朽化によって性能を落としているのであれば、その設備を入れ替えるだけでライン全体の生産性を高めることができるかもしれない。また、効率の悪いラインが可視化できれば、社員の危機感を刺激するのに大きな効果を発揮する。

図2-15　OEE（総合設備効率）とは

$$\text{OEE}=\frac{\text{負荷時間}-\text{停止時間}}{\text{負荷時間}}\times\frac{\text{生産した数}\times\text{基準の生産サイクルタイム}}{\text{実績としての生産時間}}\times\frac{\text{生産した数}-\text{不良品}}{\text{生産した数}}$$

Availability 時間稼働率	Effectiveness 性能稼働率	Quality 良品率

OEE：Overall Equipment Effectiveness

出典：リブ・コンサルティング

防御策⑧「製造編」／「適正人員の見える化」実施で生産性向上

ライン別の生産性を向上させる手法の一つには、人員配置の最適化もある。歩留まりの悪さや生産計画の遅れ、ミスなどは作業人員数やスキル不足に起因していることが少なくないからだ。

また、必要以上に作業人員を配置しているためにライン別利益を悪化させてしまっているケースもある。

ところが、日系企業の現地工場では、生産工程ごとの作業内容や作業時間を細かく管理して人員の数や配置を調整するといった施策を実施できている企業は少ない。個人的な感覚値ではあるが、そこまで踏み込んで生産管理を行っている日系企業は2割ほどではないだろうか。

そのため、生産ライン別人員配置の適正化によって大きな改善インパクトを見込みやすい。

その手順だが、まず生産ラインごとに業務プロセスを洗い出し、各プロセスにおけるタスクを細かく書き出していく。その上で、タスクを付加価値作業と非付加価値作業に区分けする。

付加価値作業とは、例えば、食品加工メーカーのラインであれば、食品を焼いたり、切ったりとラインを流れているモノに変化を加える重要な作業のことだ。それ以外の運搬や準備作業、検査などの、モノに変化を与えないタスクは非付加価値作業として振り分ける。

付加価値基準でタスクを選別していくと、全体のタスクのうち本当に重要なものは20〜30%にまで絞り込むことができるだろう。

こうして付加価値の有無でタスクの必要性をはっきりさせてから、工程・タスクの標準化を実施する。ムダなもの、まとめられるものを整理して、効率を高めていく。

整理したタスクごとに必要な人員の数とスキルを分析するのが、その次の手順になる。これまでのタスクや工程別に配置されていた人員数と稼働率を分析する。これによって、稼働率が低いところは人員が過剰に配置されている可能性があるなど、適正な人員数を割り出していくことができる。

合わせて、そのタスクを実行するために求められるスキルや資格も洗い出す。

ただ、すべてのタスクで適正人員やスキルを把握しようとすると、膨大なデータを分析する必要がある。

詳細な分析を行う前に、利益率が低いラインや多くの人員を配置している工程・タスクに絞って分析するのが現実的だ。

人員配置の適正化後に仕組み化

工程・タスクごとの適正人員や必要なスキル・資格が整理できたら、生産計画に合わせてラインごとに人員の配置計画を立案する（図2－16）。

タスクごとにどのようなスキルを持つ人が何人必要なのかがわかっているので、後はパズルをはめ込むように配置していけばいいだろう。全ラインが24時間フル稼働しているわけではないので、ラインの稼働が停止している間、余剰人員を他のどのライ

図2-16　人員配置計画の見直し事例

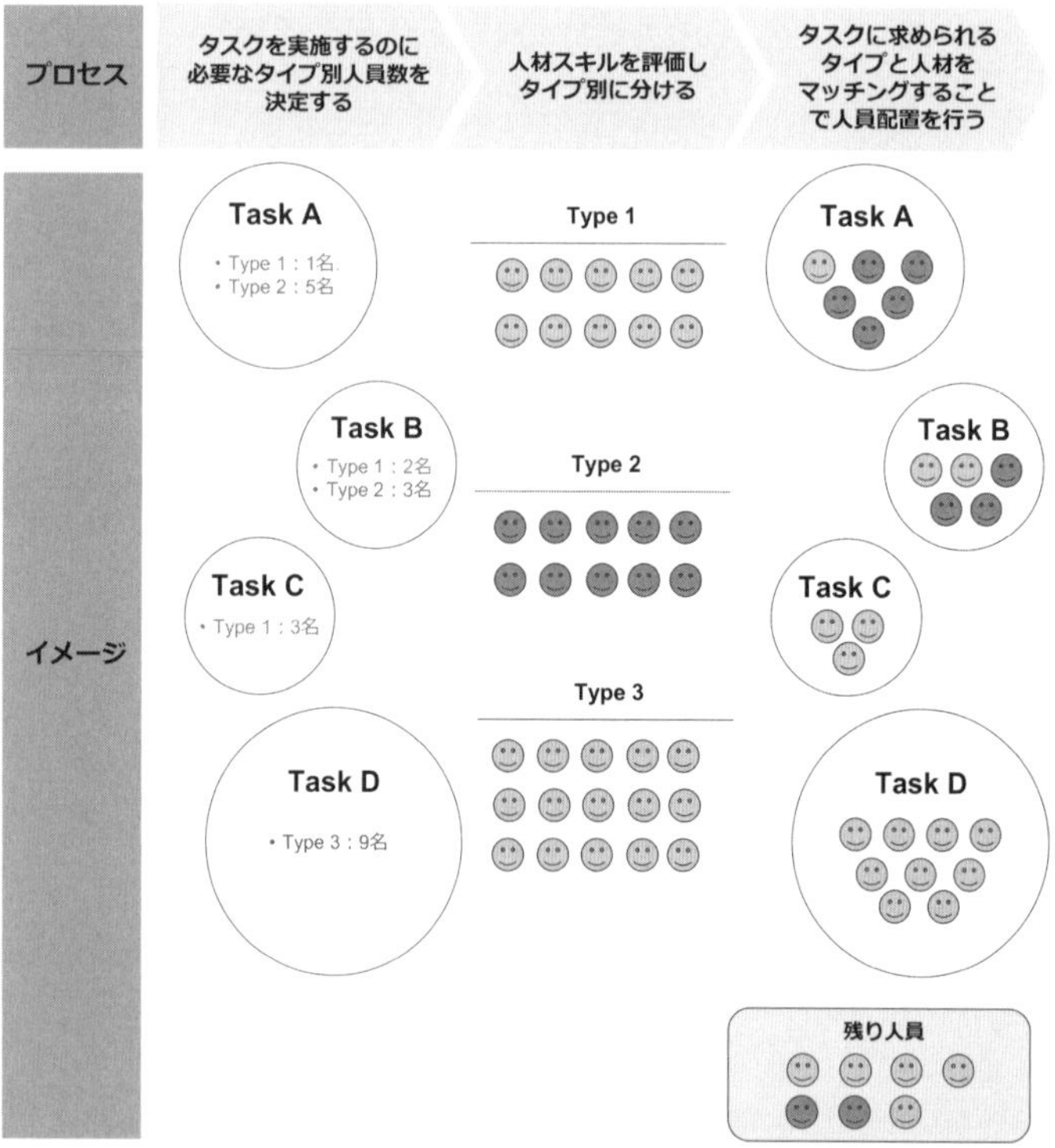

出典：リブ・コンサルティング

ンに配置するかというところまで考慮して、ライン全体での人員最適化を目指していく。

また、各タスクの作業マニュアルを作成してトレーニングを行うことで、作業に対応できる人員の母数を増やしておくことも重要だ。

特別なスキルや資格が必要なタスクについても、研修などを通じて対応できる人員を増やしておけば、人員配置の柔軟性が高まり、効率化を図りやすくなる。その際、作業に従事する従業員のモチベーションを損なわないために、新たなスキルや資格を習得すること、多能工として複数のタスクに対応できることをきちんと評価に反映できるよう、評価制度に修正を加えることも忘れてはいけない。

人員配置の適正化を行った後も、工程やタスクごとの稼働率や歩留まり率など生産性に関するデータをモニタリングボードに掲示することで、従業員が達成感や自信を得ることができるようになる。

生産性の継続的な向上を実現するためには、こういった方法で従業員のモチベーションを刺激し、主体的に取り組める仕掛けをつくることが重要になってくる。

防御策⑨「人事編」／人事評価とビジョンの一貫性をしっかりと保つ

すでに説明した通り、私たちが考える「経営のあるべき姿」とは、自社を取り巻く環境とビジョン・戦略、組織、人材の一貫性が保たれている状態のことである。政府の方針や法規制など大きな環境の変化であれば事業環境におよぼす影響がわかりやすく、すぐに対処に乗り出せるが、じわじわと移り変わる変化に対しては対処が遅れるケースが多い。アジア市場において、日系企業が昔ながらのモノ売り営業を変えることなく、現在に至っているのがいい例だろう。ジャパンプレミアムが通用した時代を引きずり、圧倒的商品力に陰りが見えていることに気づきつつも、「まだ大丈夫だろう」と具体的な行動を先延ばししてきたことが今になって悪影響として現れている。

もちろん、日系企業の中にも環境の変化を感じて、戦略をアップデートしているところもある。ただ、ビジョンや戦略の変更に組織、特に人事評価が追い付いていないため、ローカル人材の流動化が起こっていることも説明した通りである。8割以上の日系企業は、図2－17の「典型的な失敗パターン」に該当するといっていいだろう。

図2-17　環境変化への対応

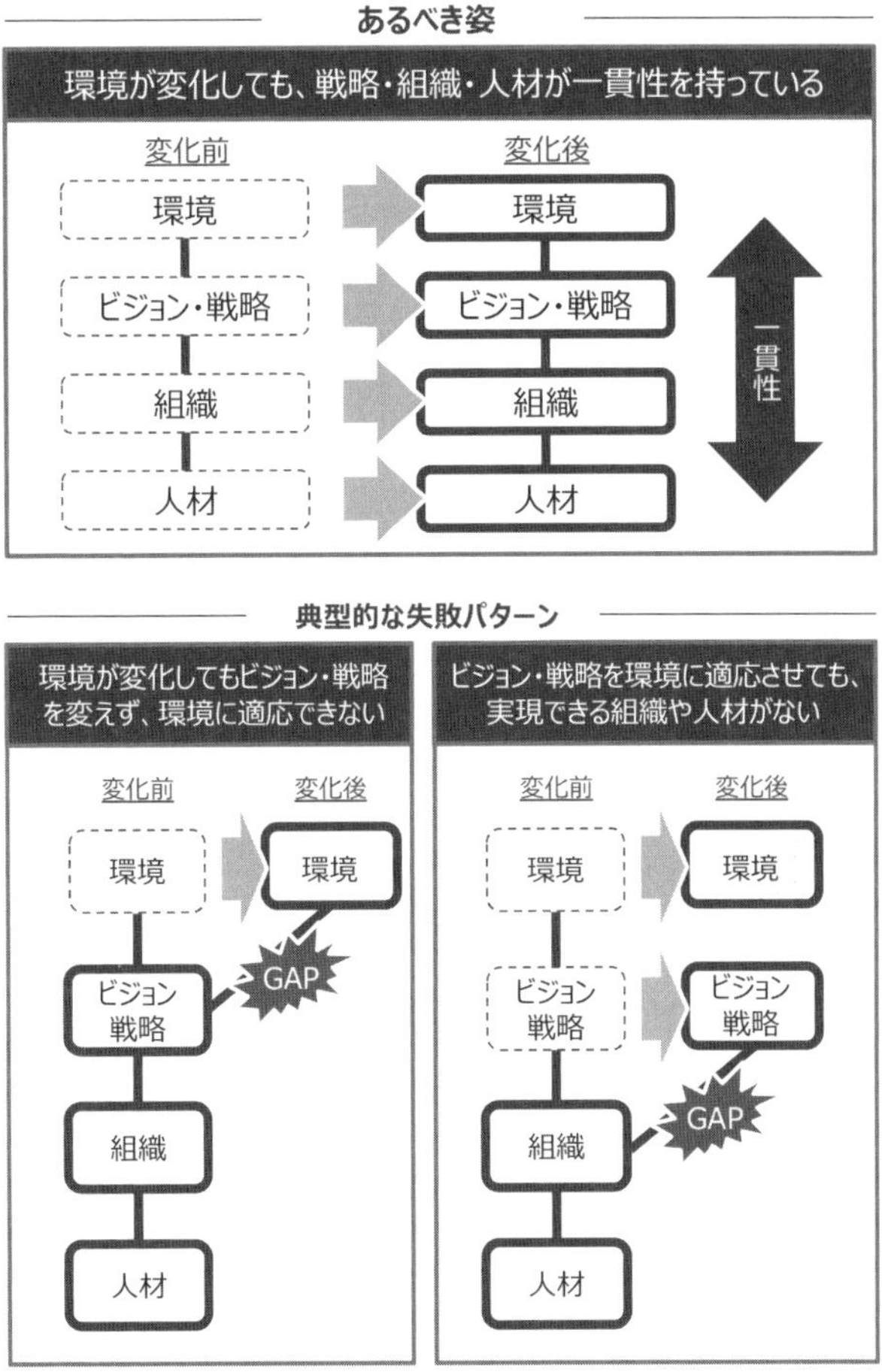

出典：リブ・コンサルティング

そのため、人事評価制度の変更を行うときは、人事まわりだけを見ていてはいけない。環境から人材までの一貫性を意識し、事業環境の具体的な変化、その変化に対応するためのビジョンや戦略、その戦略を実現するための組織や人材のデザイン、といった手順で、一貫性を保ちながら人事評価制度へ落とし込んでいかなければならないのだ（図2－18）。

ビジョンと人事評価の一貫性、ここがおろそかになっている日系企業は、直ちに軌道修正することを勧めている。

さらに典型的な日系企業のケースでは、ビジョンや戦略を実現するために、ローカル社員に多くのことを求めるわりに、人事評価は旧態依然としたままになっ

図2-18　環境変化に合わせた組織・人材のデザイン

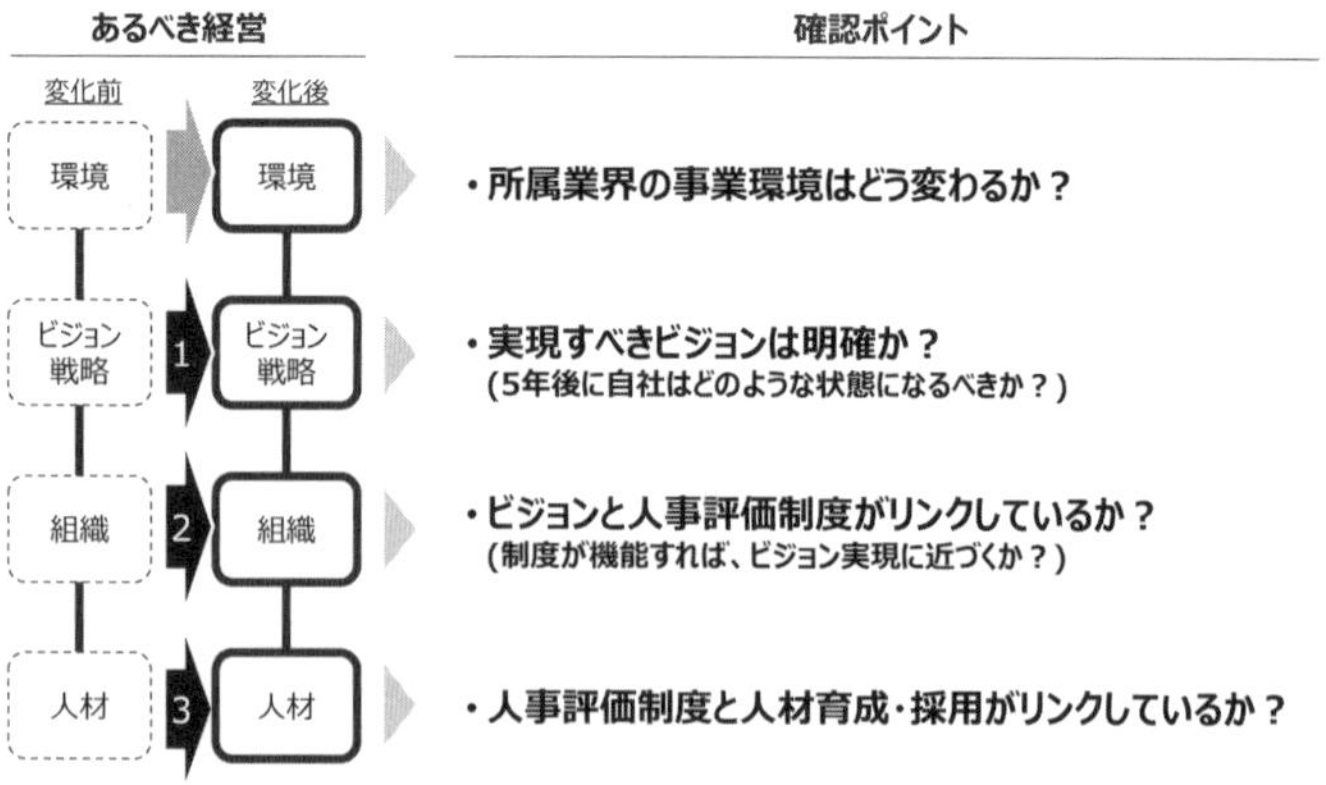

出典：リブ・コンサルティング

ている。アジア地域でコンサルティングに携わるようになった当初は、従業員数百人規模の企業であっても、ビジョンや戦略は明確になっている一方で、人事評価内容は、「あいさつをしっかりできる」「遅刻しない」という基礎的な行動評価10項目程度のみで運営している企業もあり、驚いたものだ。どうやって評価しているのか聞いてみると、能力や業務上の役割に対する評価は、「何となく」見ている駐在員が感覚的に行って調整しているとのことだった。

実際、数々のプロジェクトを通じて日系企業の駐在経営者や人事担当者と話すと、図2－19のいずれかに該当するという結論に落ち着く。

そして、この四つの人事評価の特徴が、日系企業が組織として機能しにくい原因の一つになっていることが多い。「昔ながらの共通評価」の場合、評価基準がないに等しい。「業績無関心型の評価」では業績アップと能力アップとが結びついていない。「挑戦者減退型の評価」では挑戦する気持ちを削いでしまうし、「目標断絶型の評価」だと個人目標と会社の目標・成長との連動性が生まれにくくなってしまう。

駐在員は日本人経営者の曖昧な指示に慣れているため大きな抵抗はないが、ローカル社員は違う。彼ら彼女らにとっては自身の業務内容や期待される成果が評価項目で

図2-19　失敗する人事評価制度の四つの特徴

「昔ながらの共通評価」

挨拶できる・遅刻しない・コミュニケーション力がある・・・などの一般的な評価項目で画一的に評価する

→結果に差が出ず、誰も頑張らない。

「業績無関心型の評価」

能力アップを中心に評価し、業績が良ければ多少は賞与で還元されるが、還元するロジックが曖昧

→社員が自社の業績に無関心になる。

「挑戦者減退型の評価」

ビジョンや戦略では、新規事業開発や改善提案を示しているが、評価制度ではそうした活動が評価されない

→挑戦する人が評価されず、新たな事業や変革が進まない

「目標断絶型の評価」

トップから挑戦的な業績目標が提示されるものの、MBOやOKRで部門や個人にブレークダウンされない

→部門目標や個人目標が形骸化し、目標達成が全く進まない

出典：リブ・コンサルティング

明示されていることが大切であり、それがない業務指示はボランティア業務の押し付けでしかない。

結果、上司の指示や会社の方針が腹落ちせず、日系企業は働きづらい会社として敬遠される原因になってしまう。

アジア地域においては、個人の能力や成果が適切に評価され、会社と個人がフェアに成長できてこそ、〝その会社で〟働くモチベーションが強くなる。会社が成長するために自身の能力を提供しようという気持ちも起こるのである。

そうした視点でも、戦略と人事制度との一貫性を保つことは、組織を継続的に成長させる重要なポイントになっている。

駐在員だけでなく、ローカル幹部も巻き込む

では、ここからは環境変化とビジョン・戦略、人事制度をリンクさせるための簡易的な方法について説明していきたい。

まずは5フォース(Five forces)分析を活用して、五年後の業界の競争環境を予測する。

ここでいう「フォース」とは脅威のことであり、将来の市場環境における五つの脅威、

すなわち「同業界」「新規参入」「代替品」「売り手」「買い手」の脅威を明らかにすることで自社の現在と将来の自社に対する脅威を明示する。

例えば、図2－20はタイにおける自動車販売業を営む会社の5フォース分析の事例である。

同業界にはディーラーやディストリビューターなどのライバルがいる（同業界の脅威）。今後はEVが普及していくことは確実であり（新規参入の脅威）、モノ消費からコト消費への移り変わりによってマイカーを持たずにカーシェアで済ます人たちが増えてくることも予想できる（代替品の脅威）。売り手、買い手とはサプライヤーや消費者などのことで、販売される自動車の選択肢が増えれば、消費者が強い買い手市場になるし、調達先が少なければ売り手が優位になる。


こういった五つの脅威について現在と5年後、10年後など将来の競争環境の度合いを可視化・比較することで、今後の「対応すべき環境変化」と「組織としての対応方針」を明らかにしていく。

例えば、5年後のタイの自動車販売であれば、すでに新規参入しているEVメーカーの販売チャネルの脅威が増しているだろう。

図2-20　5フォース分析の事例（タイにおける自動車販売業）

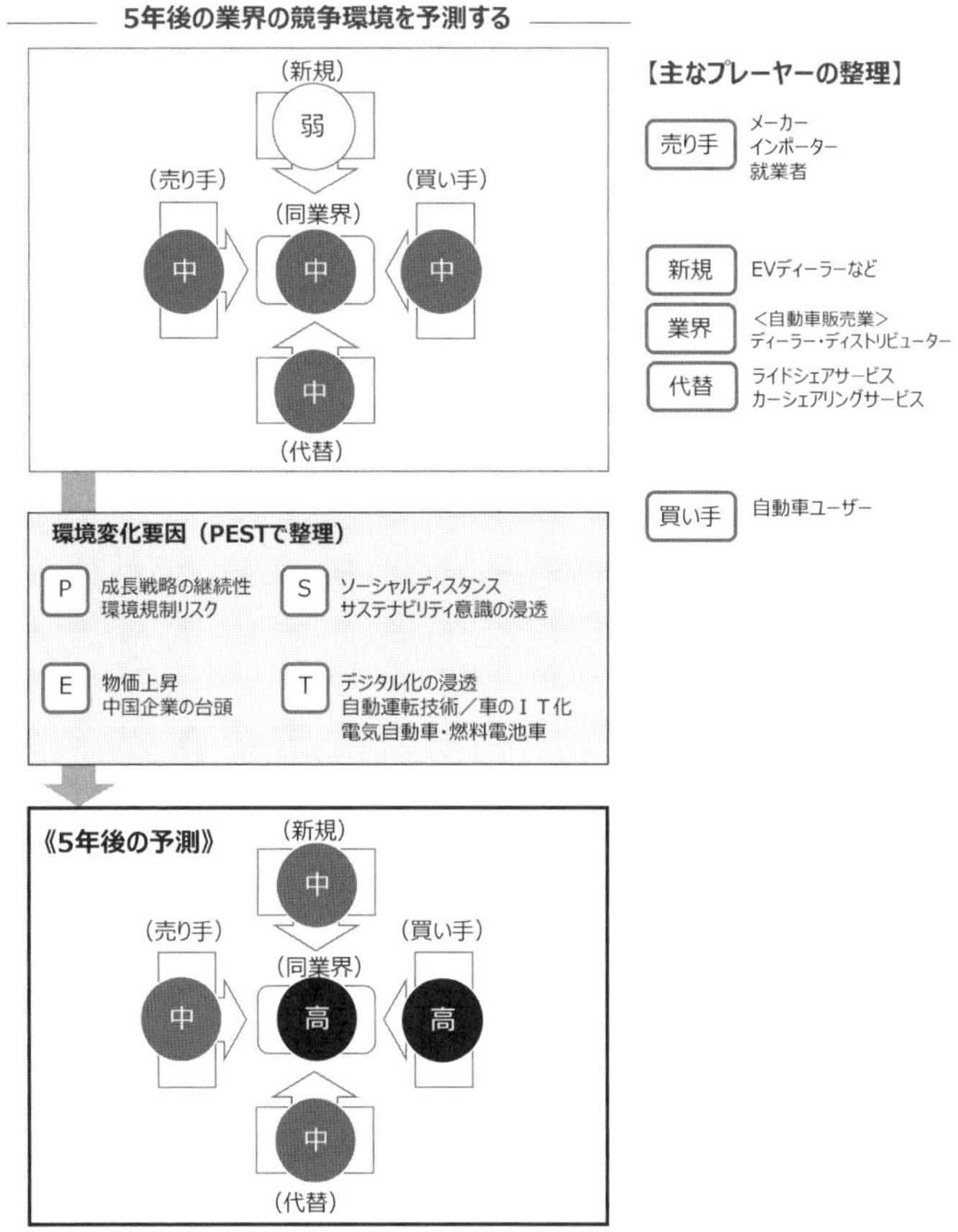

出典：リブ・コンサルティング

一方、タイの経済成長が順調に進まなければ、消費者の購買力はさほど上がらないため販売会社間で競争が激化するリスクもある。

そうした環境変化を考えると、「EVを軸とした競合企業への対応」が優先順位の高い環境変化となり、そうした事業環境において競争優位を築くために「販売会社としてのマーケティング力を高める」や「新規事業を構築する」ことなどが組織としての対応方針となるだろう。

このように、将来の事業環境を予測し、そこで求められる組織を具体化していくことで、思考を進展させていくわけだ。将来の事業環境予測においては、防御策①で紹介したシナリオプランニングも有効なアプローチである。

次に、「対応すべき環境変化」と「組織としての対応方針」をベースに、組織として重視すべきことと重視しないことを経営陣と人事担当者の間で議論しながら明確にしていく（図2－21）。

チームワークや理念遵守、リーダーシップ、チャレンジ思考など、キーワードをすべて洗い出し、その一つひとつについて重視するかしないかを決めるわけだ。

図2-21　組織としての重点方針を決めるための検討フロー

5年後の業界の競争環境を予測する

主な変化	主な脅威
例：EVの浸透が進む	例：選択肢が増えて買い手の交渉力が高まる

＋

環境変化への対応方針を決める

対応すべき環境変化	組織としての対応方針
例：EV浸透によるビジネス環境の変化	例：EV関連ビジネスにおける新規事業を構築する

↓

組織として重視すべきことを明確にする

今後重視すべきこと	今後重視しないこと
例：チャレンジ思考・スピード感	例：安定志向

出典：リブ・コンサルティング

この作業のポイントは、重視しないものをはっきりさせること。重視するものだけを選び出そうとすると、選ばなかったキーワードが重要だった場合を恐れて、何かしらの理由をつけてできるだけ多くのキーワードを拾い上げようとしてしまう。それでは、総花的で中途半端な人事制度にしかならず、結局、「あちらを立てればこちらが立たず」の状態になって機能しなくなってしまうからだ。

重視すべきキーワードが絞り込めたら、それを体現している人材とはどのような従業員であるかを詳細にイメージし、人事評価や賃金水準とリンクさせていく（図2－22）。全社員が備えておくべき「コアスキル」、部門ごとに求められる「業務スキル」についての評価基準を考えていく。また、賃金水準は「継続して働いてくれる」水準であることを前提に、同業他社の状況なども参考にしながら設定する必要がある。

この作業をするときは、駐在経営者とローカル幹部社員が一緒に行う必要がある。経営者による上位概念の発信だけでなく、幹部側も社長の意図を十分に理解した上で管轄する部門に必要とされるスキルやそれを評価する基準を落とし込むことができるからだ。また、日本人社長も幹部の意見に耳を傾けることで現場の声を正しく受信し、双方向で納得・満足できるアウトプットが得られるからでもある。

図2-22　ビジョンと人事評価のリンク

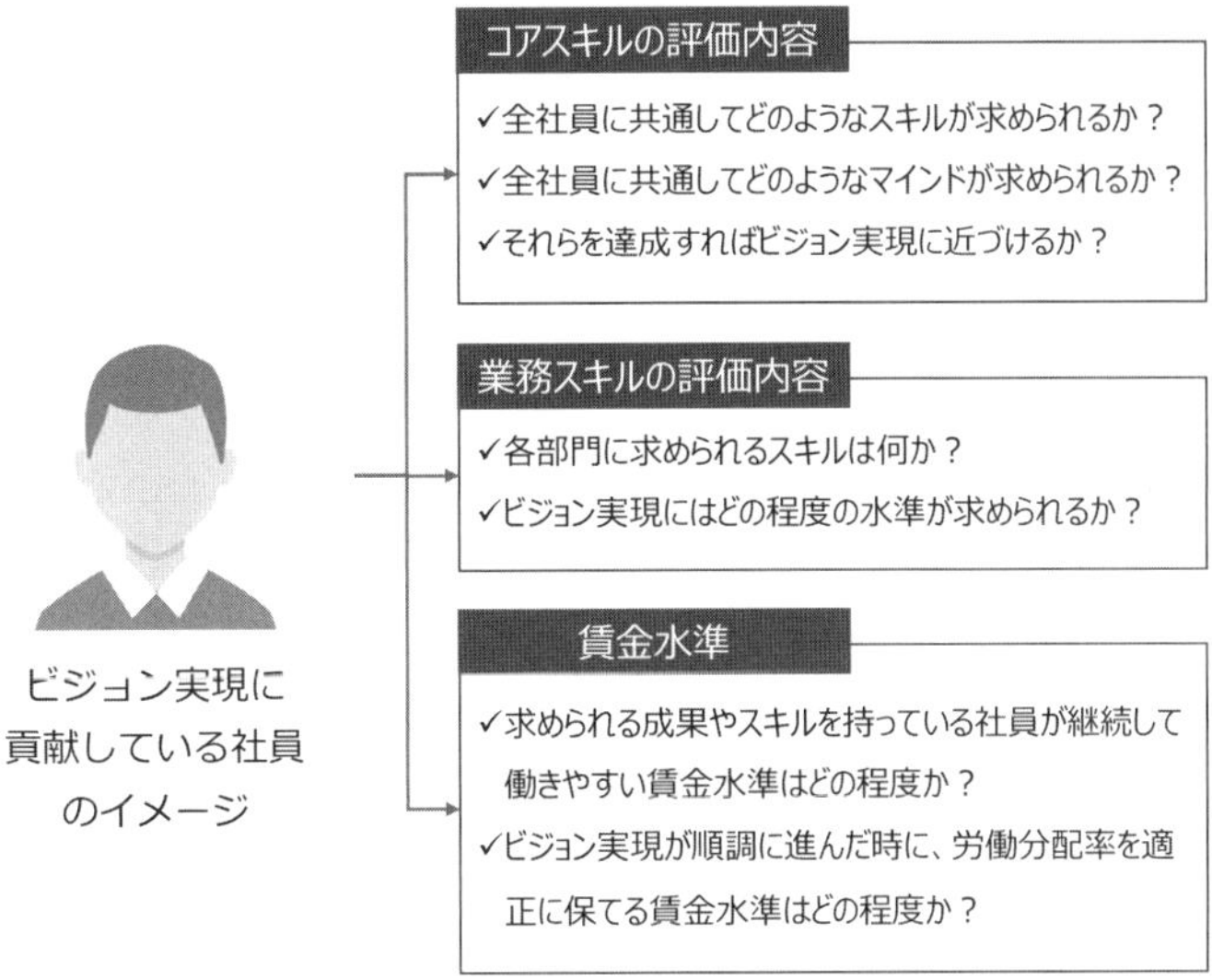
コアスキルの評価内容
✓全社員に共通してどのようなスキルが求められるか？
✓全社員に共通してどのようなマインドが求められるか？
✓それらを達成すればビジョン実現に近づけるか？
業務スキルの評価内容
✓各部門に求められるスキルは何か？
✓ビジョン実現にはどの程度の水準が求められるか？
賃金水準
✓求められる成果やスキルを持っている社員が継続して働きやすい賃金水準はどの程度か？
✓ビジョン実現が順調に進んだ時に、労働分配率を適正に保てる賃金水準はどの程度か？
ビジョン実現に貢献している社員のイメージ

出典：リブ・コンサルティング

防御策⑩「人事編」／モチベーションの見える化で多様な対策を検討

日本企業は、社員教育に多くの費用と時間を費やす。そうすることで社員のエンゲージメントが上がり、仕事に対する姿勢やモチベーションも高まり、長く働き続けてもらえるという成功体験があるからだろう。

しかし、それは駐在員が日本で勤務していたときの終身雇用を前提とした取り組みであり、労働力流動性の高いアジア地域では必ずしも効果的であるとはいえない。研修やOJTなどを通じて教育に力を注ぎ、「さあ、これから活躍してもらおう」という段階で他社へ転職してしまうことも多い。日系企業の経営者の中には、手塩にかけて育てた人材が他企業に流出していくことに「日系企業は優秀人材の輩出機関になっている」と嘆いている方もいたくらいだ。

だからこそ、アジア市場では日本流の「教育を主軸にした定着率向上施策」にこだわるのではなく、様々なアプローチで人材の流動性への施策を選択すべきだと考えている。そこで、ここでは人材流出を防ぐために考えるべき要素について紹介したい。アジア進出企業における社員のモチベーション管理においては、①マネジメントスタイル、②ＣＩＳ（顧客感動満足）、③裁量権（自己決定感）、④達成＆賞賛、⑤仕事内容、⑥成長＆学習、⑦理念・戦略、⑧会社の体制、⑨職場の人間関係、⑩労働条件、⑪報酬・待遇といった11のファクターがある（図2－23参照）。これらの要素をもとに、自社の従業員の満足度を高めるために必要な施策を客観的に判断していく必要がある。そこで、最初に理解すべきことは、従業員が企業に対して何を期待しているか、である。そこで注目してもらいたいのが、図2－24だ。

教育の重要度はかなり低い

図2－24は、ある日系企業において2年間にわたって、図2－23にある11の業務環境ファクターに関する調査を行った結果を図にしたものだ。

図2－24の縦軸はローカル社員の満足度で、横軸は価値基準を示している。価値基準とは、そのファクターをどの程度重視しているかを数値化したものである。この図を用いると、右上は価値基準も満足度も高くモチベーション向上に寄与しているファクターであり、右下に位置しているものが価値基準は高いものの満足できていない

図2-23　業務環境の11ファクター

11ファクター	キーワード
①マネジメントスタイル	スピード感、チャレンジ思考、コミットメント、実行力、リーダーシップ、全員経営
②CIS（顧客感動満足）	顧客との関係性、顧客評価の実感
③裁量権（自己決定感）	裁量権、活発な意見交換、影響感
④達成＆賞賛	目標設定、達成感、結果への賞賛・承認
⑤仕事内容	仕事の適正、適度な刺激、キャリアプラン
⑥成長＆学習	成長実感、学習機会、指導機会
⑦理念・戦略	ミッション、戦略性、計画の明示、企業ブランド
⑧会社の体制	ルール・システム整備、コンプライアンス、情報開示
⑨職場の人間関係	上司との関係性、同僚との関係性、職場の協力意識、尊敬対象
⑩労働条件	労働条件、福利厚生、仕事環境
⑪報酬・待遇	報酬（給与）、役職（昇進・昇格）、実力主義

出典：リブ・コンサルティング

図2-24　ある日系企業の業務管理ファクターの変化

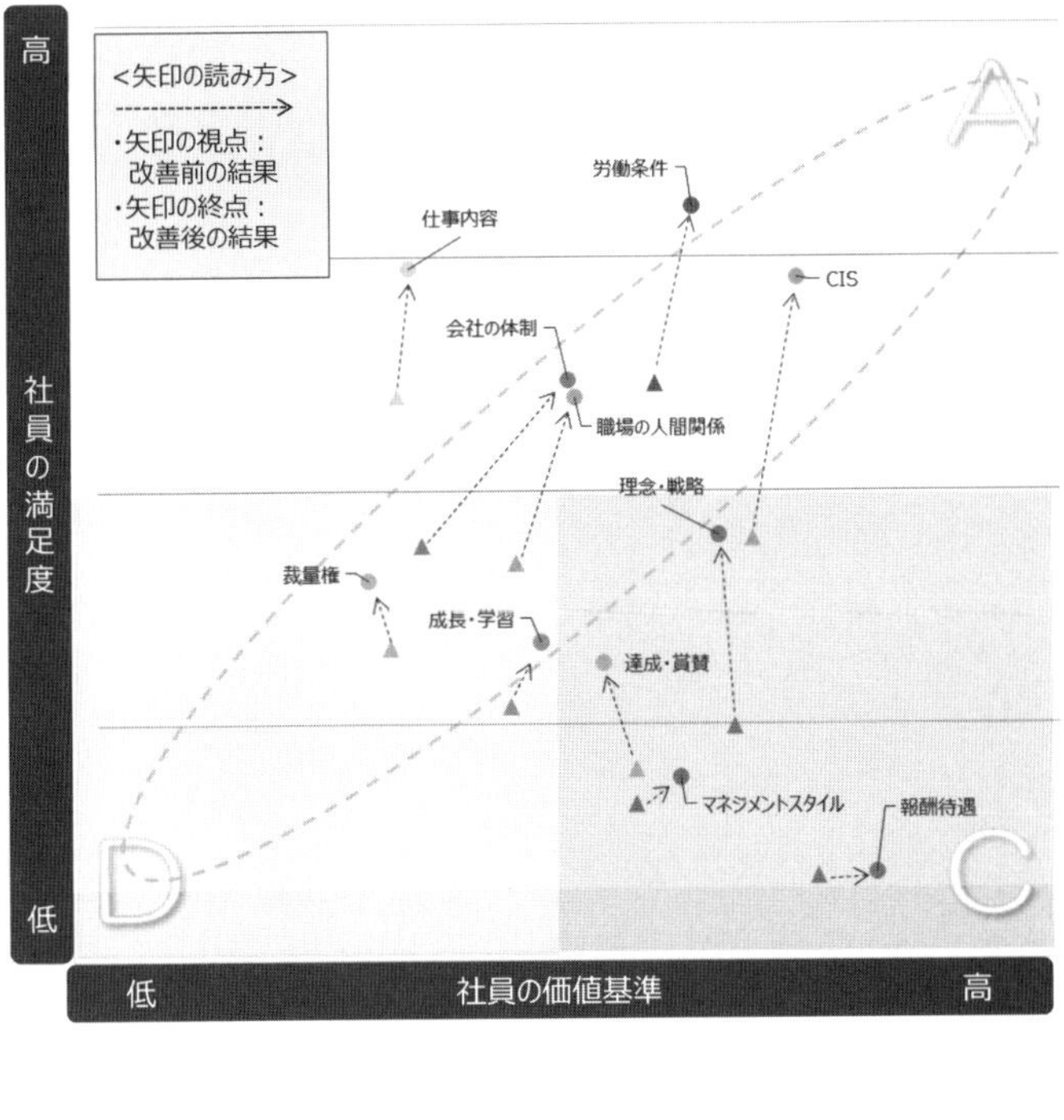

出典：リブ・コンサルティング

ためモチベーション低下要因となっていることがわかる。右下に該当しているファクターはローカル社員が会社を辞めてしまう原因になる可能性が高いため改善すべきだといえる。

一方、左上は、価値基準は低いものの満足度が高いものとなっているため、社員のモチベーションには関係ないものの組織としてコスト（費用や時間）をかけている領域だ。これは、実質は過剰投資となっている可能性があるため、コスト削減を考える際には該当しているファクターのムダを省くといいだろう。▲印は調査開始時点のもので、点線でつながっている●印が改善施策を行った2年後の値を示している。

当ケースでは、「成長・学習」はローカル社員の価値基準も満足度も低い左下に位置し、モチベーションにはあまり影響していないことが見て取れる。一方、2年間で満足度の大きな伸びを見せたのが、「ＣＩＳ（顧客感動満足）」や「労働条件」、「職場の人間関係」「会社の体制」「仕事内容」だった。

結果的には、これらの改善によってモチベーションが大きく向上し、組織として安定した成長を実現できるようになった。つまり、「成長・学習」以外にも社員のモチベーションを高められるファクターはたくさんあるということだ。

それでは、この五つのファクターをどのように伸ばすことができたのか、簡単に説明していこう。

同社の駐在経営者は、ローカル社員と対話をしながら適性を考慮し仕事を与えるスタイルを大切にしていた。

仕事内容に満足してもらうことが重要で、そこが満たされていれば他に不満があってもある程度我慢してくれるという考えだったようだ。そのため、「仕事内容」の満足度はもともと高かったのだが、ローカル社員はそれほど重要視していなかったため、モチベーションの向上にはあまりつながっていなかった。

一方、ローカル社員がもっとも不満に感じていたのは「報酬・待遇」である。ローカル社員にしてみれば、稼ぎがよければ、仕事内容はたいした問題ではないということが読み取れる。

最初の調査でこのことが判明したものの、報酬や待遇を改善するには、それなりの投資が必要になる。そのような余裕はなかった同社は、報酬・待遇は変えずに、他のファクターを改善することでモチベーション向上を図る戦略を立てた。

例えば、CISを高めるために顧客から喜ばれていることを、日頃、顧客との接点がない制作・開発部門にいるローカル社員にも伝わる仕組みを整えた。理念浸透を図るために全社ワークショップも実施し、労働条件については現地法人がある地域に合わせて勤務ルールをつくり直した。

結果、給与水準を上げることなく、ローカル社員のモチベーションを高め、離職率を30％強から数％にまで下げることに成功している。

モチベーションを高めることで期待できる効果は、離職率以外にも様々ある（図2－25）。特に、生産性やチャレンジする傾向などを高めることは企業成長において欠かすことのできない要素だ。これらの効果を参考に、図2－24の事例も加味しながら分析することで、新たな視点でローカル社員のモチベーション向上の仕組みづくりに取り掛かることができるはずだ。

誤解してほしくないのだが、ここでいいたいのは教育が不要だとか、おろそかにしていいということではない。

社員のモチベーションや会社に対する愛着を高めて労働力の流出を防ぐ手段は教育以外にもあるということ、そして、業務環境ファクターを分析し、定点観測する仕組みを持つことで、様々な選択肢の中から最適な施策を発見できることを知ってほしかったのだ。

図2-25　モチベーションを高めるメリットとは？

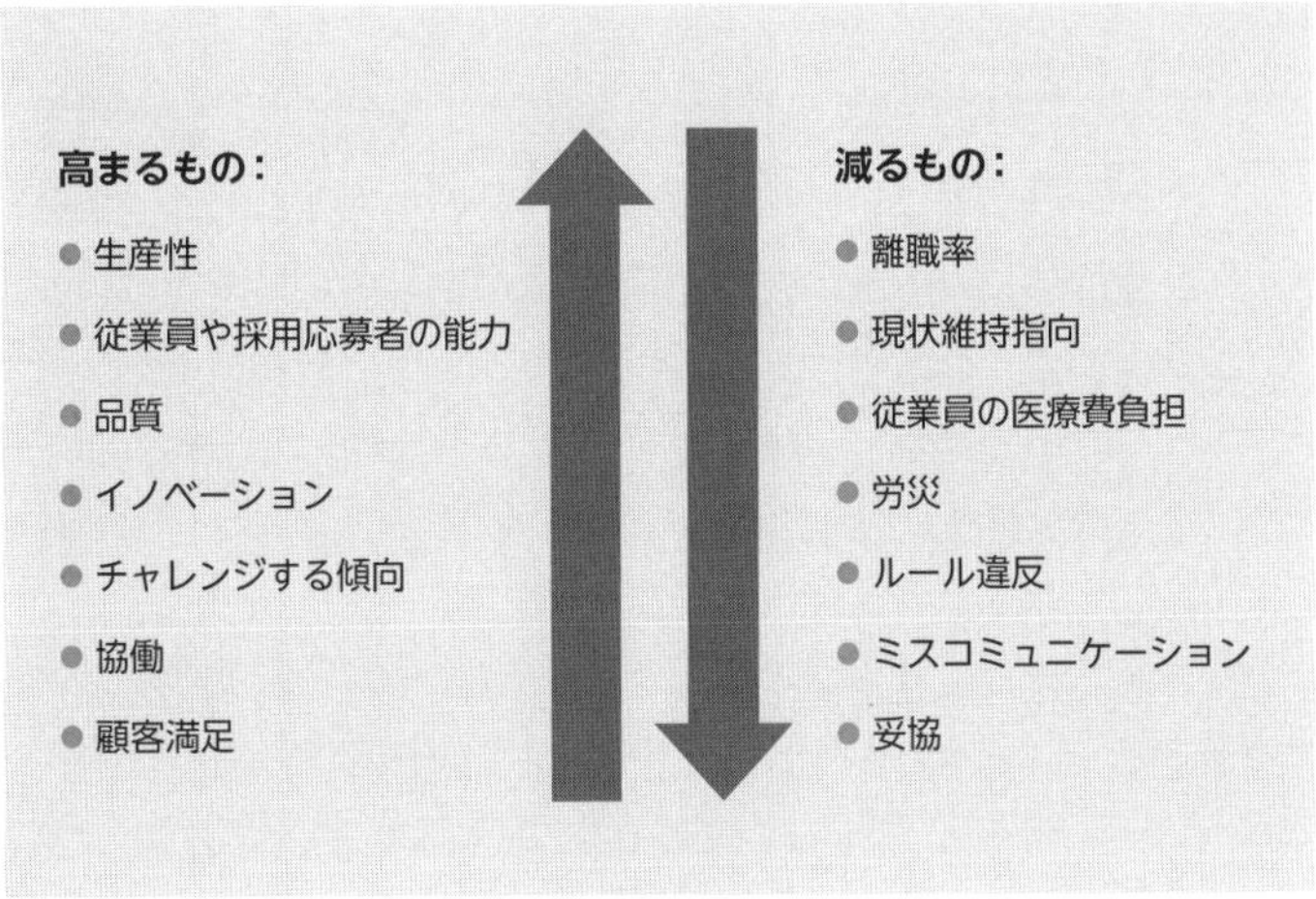

出典：GPTW JAPAN

防御策⑪「人事編」／マーケティング発想による、戦略的採用を！

アジア市場における日系企業の採用活動は、淡泊に過ぎるきらいがある。その背景には、過去の「日系企業が人気であり、募集すればすぐに人を採用できていた時代」の採用方法を続けているという事情がある。また、従業員数が100人以下の規模だと、専任の人事担当者を抱えていなかったり、駐在経営者が片手間で採用を管理していることも珍しくない。ただ、アジアにおける日系企業のプレゼンスが下がってきている現在、このやり方で優秀な人材を採用するには無理があるといわざるを得ない。本気で優秀な人材を採りたいのであれば、採用活動にもマーケティング発想を導入し、どうすれば自社の魅力を求職者に伝え、競合企業ではなく自社に入社してもらえるのか、本腰を入れて戦略的に考えるべきだ。

マーケティング発想の採用活動といっても、難しいことをするわけではない。いわゆるマーケティングにおける3C分析を応用するということだ。3C分析とは、「Customer（顧客、市場）」「Company（自社）」「Competitor（競合）」という三つの「C」に関して分析するためのフレームワークである。通常は商品マーケットで競争優位を築くために用いられ、顧客・市場のニーズや成長性などを整理するCustomer分析、自社の強み・弱みを整理するCompany分析、競合他社の強みや弱み、戦略などを整理するCompetitor分析の三つから成り立っている。これを労働市場に当てはめ、顧客を「求職者」、自社は「採用市場における自社」、競合は「採用市場において自社と比較検討される企業」と置き換え、それぞれについて分析を加えていくことで、労働市場における自社の立ち位置を整理でき、効果的な施策を見出すことができるようになる（図2－26）。

3C分析の精度を高めるには、まず求

図2-26　採用活動における3C分析

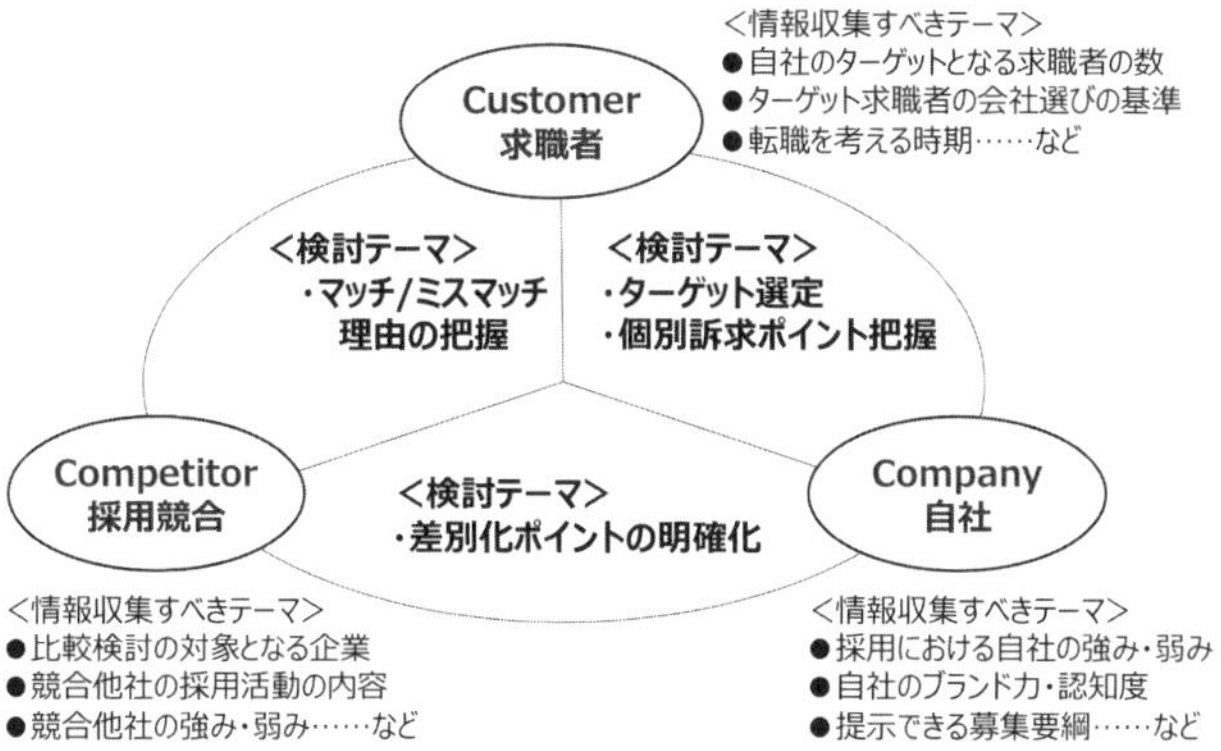

出典：リブ・コンサルティング

職者のペルソナをつくり込む必要がある。ペルソナとは、顧客向けマーケティングにおいては商品やサービスを必要とする具体的な顧客像のことであり、求職者向けマーケティングにおいては求める人材像を具体化したものだといえる。年齢や学歴、経歴、保有している資格やスキルといったものだけでなく、価値観や仕事観、行動パターンなど、具体的に描くほど、3C分析を行うときの方向性が明瞭になる。例えば、大学ではファイナンスを勉強しており、3年程度の実務経験と海外留学経験があり、都市部在住の20代後半で成長意欲の高い人材といった具合だ。図2－27を活用してイメージするペルソナを書き出し、採用担当者と採用の決定者で議論を交わしながら具体化していくといいだろう。注意する点は、採用基準のような項目を羅列するのではなく、求職者の顔がイメージできるところまでつくり込むことと、現実離れした理想像に走りすぎないことだ。

ペルソナができたら3C分析を進めていく。まず自社の強み・弱みについてだが、自分たちが考える強み・弱みではなく、イメージしたペルソナにとっての強み・弱みを考えることが大切だ。例えば、成長意欲が高い人にとっての強みは研修制度の充実であったり、若いうちから責任をもって仕事を任せてくれる社風だったりするだろう。アジア地域の日系企業で働きたいと考える人にとっては、日本本社や他国の支社への出向制度や異動制度が魅力に映るかもしれない。求職者視点から分析するのは、競合分析も同様だ。過去の応募者や採用者が併願していた企業をピックアップして競合のリストをつくり、求職者が競合のどこに魅力を感じるのか、どういったところを敬遠するのか、競合他社がどのような採用活動を行っているのか、などを分析する。その上で、自社と競合を比較して自社が優位となる差別化要素を見出し、それが求職者にとって訴求要因になるかといった視点で分析していく。

こうして3C分析を行うことで、求職者に訴求すべき自社の魅力を抽出して、会社案内や採用面談の資料を作成する。実際に、リブ・コンサルティングの

図2-27 ターゲット求職者のペルソナ事例

項目	記入例
年齢	都市部在住の20代
学歴	XX大学XX学部卒業
経歴	３年程度の実務経験
業務経験	アカウンティングの実務経験
保有資格	日本語能力（JLPT N2以上）
仕事観	成長意欲が高い、チャレンジ志向
性格	外交的、真面目な性格

出典：リブ・コンサルティング

現地法人で採用を行う場合は、会社紹介を単なる紹介の場ととらえるのではなく、求職者に会社の魅力を徹底的に伝える場ととらえて、面接官が事前に練習を重ねて面接を行っている。こういった採用に対する力の入れ具合や熱量が求職者に伝わることで、対象の心を動かすことができる。多くの日系企業が採用で失敗するのは、このような姿勢や戦略が足りていないからだと感じている。

実は、当社も以前は戦略的採用活動をせず、学歴や経歴などで見栄えのいい人を優秀そうだと採用し、失敗を繰り返していた。例えば、人材募集を採用エージェント10社に依頼しても全く応募がなかったり、採用面談を何度も行いオファーレターを出しても最後は競合他社に入社されてしまったこともあった。さらには、面談を重ねて内定承諾した社員であっても入社後1週間で辞めてしまったケースもあった。

そこで、マーケティングの概念を採用マーケットに適用するべく、採用活動を見直していったところ、多くの成功事例が生まれていった。具体的には、前述のようにペルソナをつくり込み、ターゲットとする人材像を具体化してから採用戦略を構築。合わせて、ターゲット層の学生が通っていそうな大学へ行き、スポンサーシップをとって会社のロゴと資料を置いてもらうなど、ターゲット向けプロモーションにも力を注いだ。そのほか、3C分析をベースとした戦略を数々実行することで、安定的に優秀な人材を確保できるようになった。

海外で採用活動を行う上では、採用エージェントの活用も重要になる。日系企業の多くは、日本人担当者のほうが、細かいニュアンスも伝えやすいため重宝される。ただ、実際に現地求職者の支援を務めるのはローカルのリサーチャーになるため、結局は日本人担当者がリサーチャーに、求める人材像や採用条件を伝達する。また「優秀な人材が何としても必要だ」という熱量は窓口の日本人には伝わってもリサーチャーに届きにくい。こういった微妙な齟齬が重なることにより、希望に沿った人材を紹介してもらえないという状況に陥いることもある。このような事態を防ぐためには、初めからローカルのリサーチャーに直接希望する人材の詳細を伝えたほうが間違いない。

こうした細かい改善の積み重ねにより、求職者向けマーケティングの効果を大きく高められる。前述の採用エージェントへの伝え方だけでなく、エージェントへの紹介フィーの増額、LinkedInなどのSNSツールを用いたプロモーションやダイレクトスカウトの活用、大学や協会への協賛プロモーションなど工夫できる余地は大いにある。以前に比べ、「日系企業で働くことの魅力」が下がってきている以上、求職者向けマーケティングにおいても、顧客向けマーケティングと同様の熱量でPDCAを回していくことを勧めたい。

Chapter 3

先駆企業に学ぶ「落とし穴」からの脱却ストーリー

ケース① 日系自動車部品メーカーN社
～シナリオプランニングによる改善で黒字体質に

N社は、コロナ禍の影響で受注量が約40％も激減してしまった。これまで毎月数千万円の黒字が出ていたのだが、毎月数千万円の赤字へと転落。工場の稼働率は4割程度にまで落ち込み、停止する製造ラインもいくつか出ていた。この状況を憂慮した日本人経営者は、早急に対策を実施する必要があると考えていた。しかし、ローカル社員にその切迫感はあまり感じられなかった。

「そのうち需要は戻る」という楽観的な見通しを立てていたからだ。まさに、危機感度のズレが生じていた。

まずは、危機感を共有して、経営層とローカル幹部社員が一丸となって危機に立ち向かう必要がある。そう考えた経営層は、シナリオプランニングを用いて翌年の業績予測を行い、現地ローカル社員に提示した（図3－1）。

衝撃的だったのは、ベースケースであっても翌年の営業利益は赤字になる見通しとなったことだった。自動車本体の需要が上振れ、販売が順調に伸びるベストケースでようやく黒字になる予測が出たが、その額は少額にとどまっていた。

一方、ワーストケースでは数億円単位の赤字を出してしまうことがわかった。今期の実績として、すでに多くの赤字が出ることが確定しているため、来期も大きな赤字を出すことになれば、倒産か撤退の可能性すら考えられる。ローカル幹部社員が考えていた楽観的な未来が到来するような状況でないことが、数値で示されたことになる。

このシナリオプランニングによって、ローカル幹部社員は危機の深刻さを認識し、会社全体で対策を真剣に考え始めることができるようになった。

図3-1　売上・コスト・営業利益のシナリオプラン（事例）

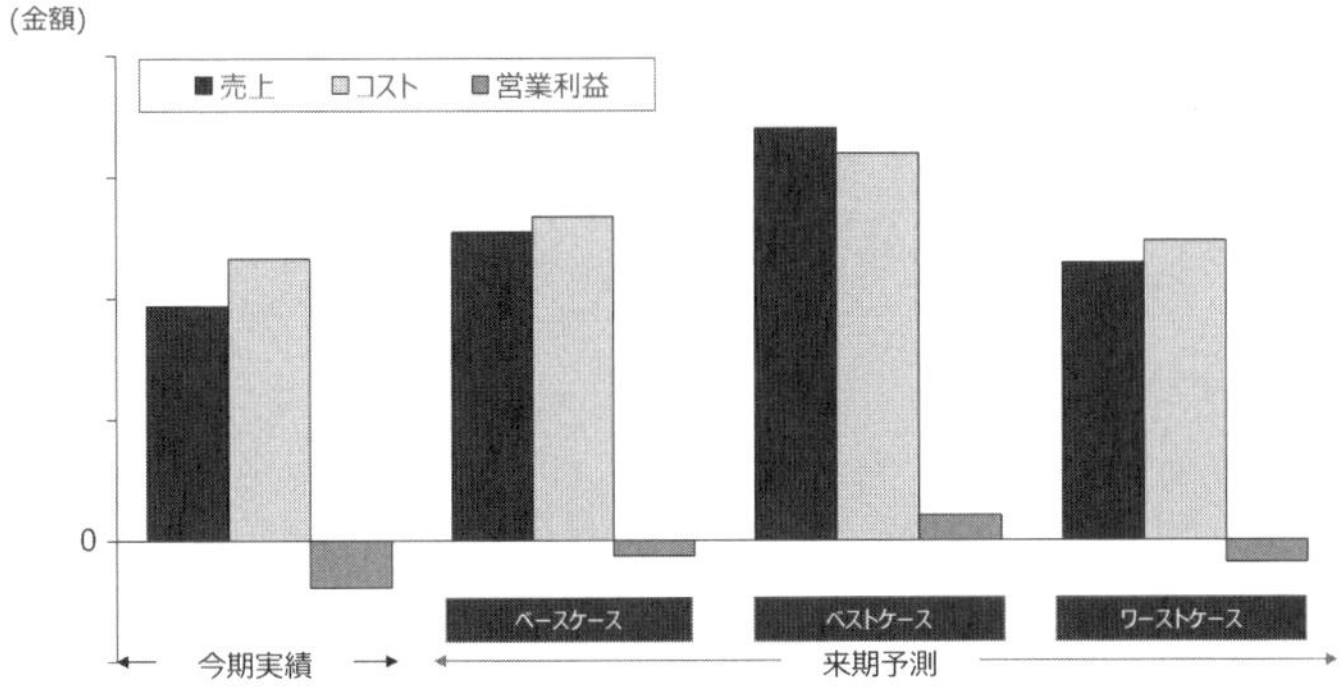

出典：リブ・コンサルティング

ライン別利益管理と購買費削減活動で生産性向上

赤字になる可能性が高いことがはっきりした中、会社としてできることは贅肉を削ぎ落として筋肉質な組織・事業を構築することだ。そこでN社は、ワーストケースであっても利益を確保できる組織・事業を目指して数々の改革に乗り出した。

例えば、固定費を最小限に抑えた上で、生産量の増減に対しては外注やパートタイム雇用などの変動費で柔軟に対応するプランを立案した。また、工場全体としてザックリとした利益構成しか把握できておらず、どんぶり勘定で意思決定を行ってきた点も問題視し改善に乗り出した。製造ラインの限界利益と稼働率を分析し可視化することで、稼働率が少なく限界利益も低いラインを可視化した（図3－2）。これによって、どの製造ラインをどの程度改善すれば黒字になるかを試算することができ、取るべきアクションが明確になった。

筋肉質な組織・事業になるためには、購買部門（調達部門）の役割も重要だ。購買費を削減するために、まず費目を表にまとめて、そこに種別・業者情報を追加し、案件単位で現状を把握するところから始める（図3－3）。

図3-2　製造ラインの限界利益と稼働率の分析例

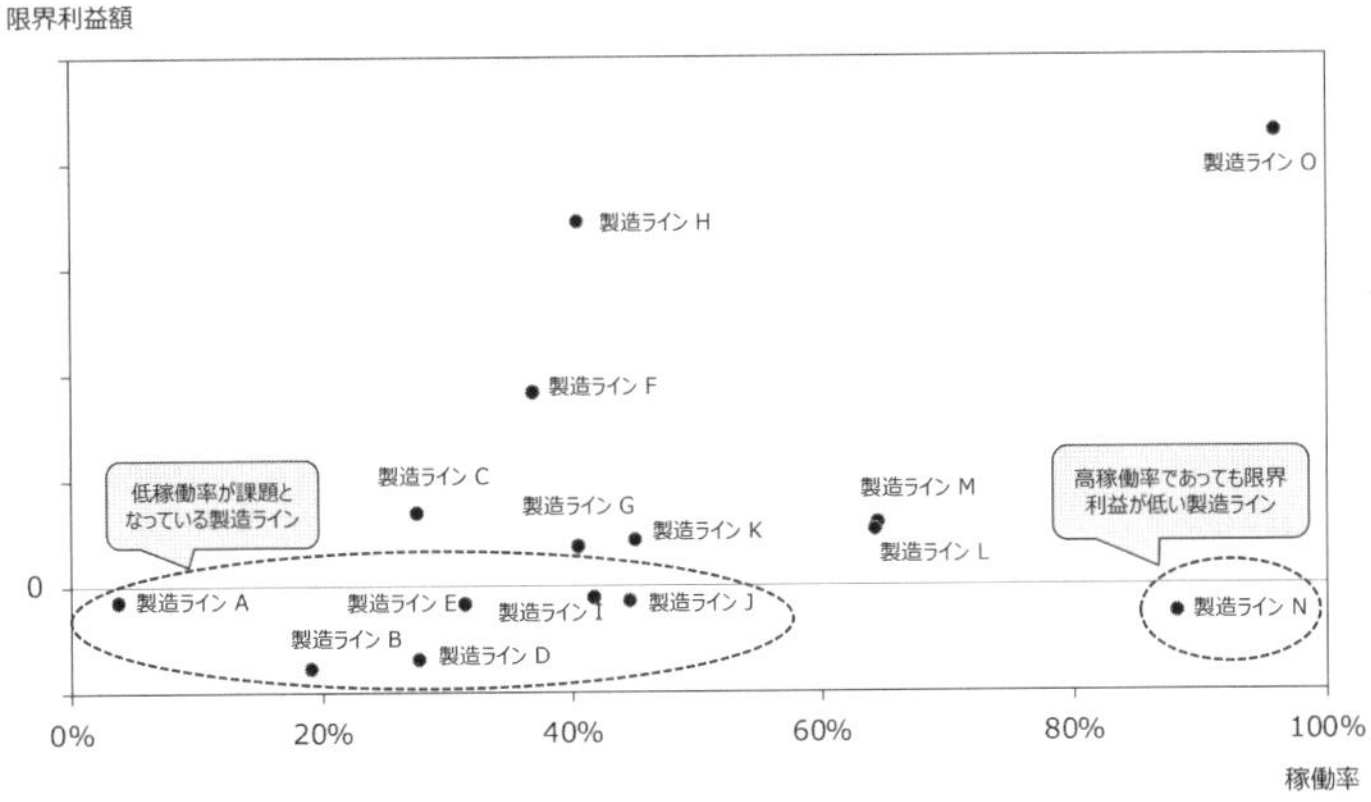

出典：リブ・コンサルティング

図3-3　案件単位での現状把握

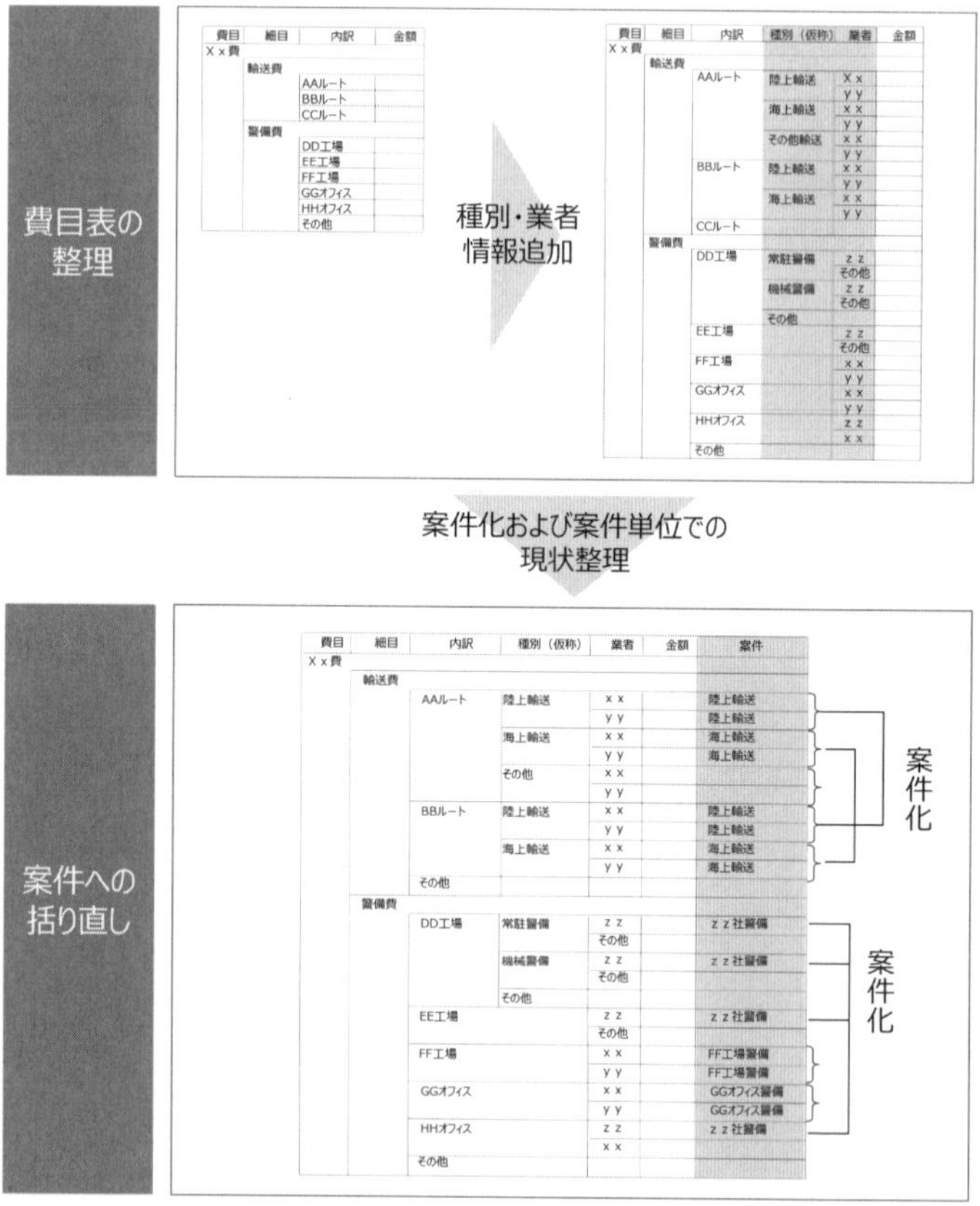

出典：リブ・コンサルティング

この表をもとに、購買費用分析手法（図3－4）によって、優先して削減すべき購買費を可視化する。優先度は、基本的に購買金額が高く、削減可能性が容易なものが高くなるが、削減可能の難易度は簡単に測れるものではない。そこで、同社は図3－5のような評価軸を用いて削減可能性を5段階で評価した。例えば、もっとも削減可能性が高いのは、過去5年間値下げがない、もしくは値上げされている費目でサプライヤーも1社に限られているケースだ。このような場合は、サプライヤーとの交渉やサプライヤーを数社集めたコンペを行うことで値下げできる可能性が高い。逆に過去5年以内に20％以上の値下げを行っている場合、さらなる値下げの可能性は低いと判断した。この評価軸によって、削減の可能性を機械的に決定することができた。

図3－6は、値下げ交渉を行う場合に重要となる交渉体制に関するポイントをまとめたものだ。実際の交渉では、交渉相手の状況によって柔軟に戦略を立案する必要があるが、基本的な考え方として参考にしてほしい。

N社はこのほかにも様々な改善施策を実行することで、完全な黒字体質を手に入れた。実は、改善活動を開始してから、コロナ禍に加えて半導体不足による物流の停滞などが発生したため、シナリオプランニングのワーストケースよりもさらに売上は下がってしまった。それでも黒字を達成した。

図3-4　購買費用の分析手法

分析方法

購買費（人件費以外の全コスト）について、
下記のグラフを作成し、優先度を決定

● ・・・購入アイテム・案件

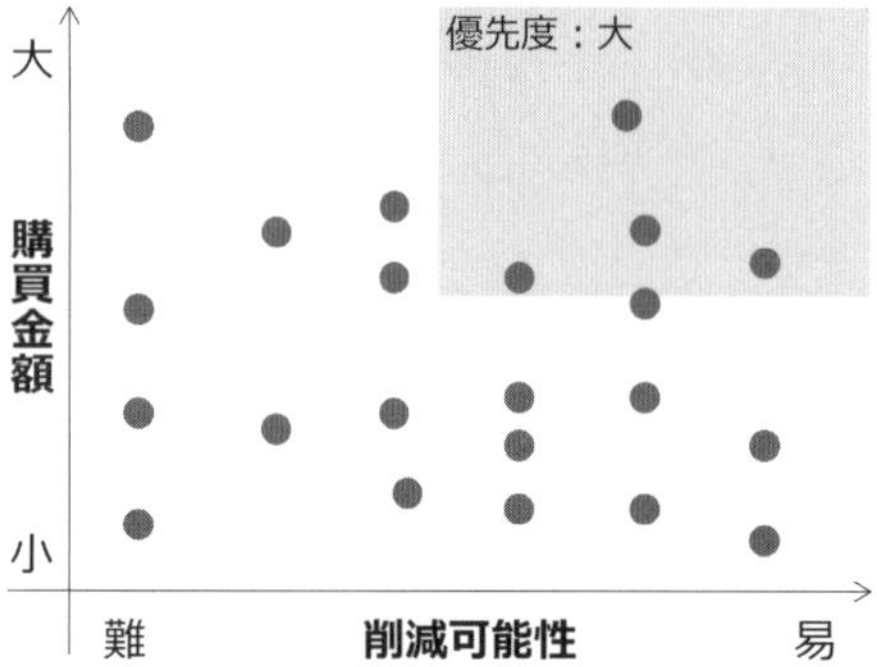

評価軸の定義	
購買金額	✓202X年X月～X月における月間平均購買金額の実績値
削減可能性	✓下記の視点から数値化して評価する。 ・費目 ・●年前からの値引き率 ・同一品の取引社数 ・前回値引きからの経過年数 ・サプライヤータイプ

出典：リブ・コンサルティング

図3-5　削減可能性の評価軸（事例）

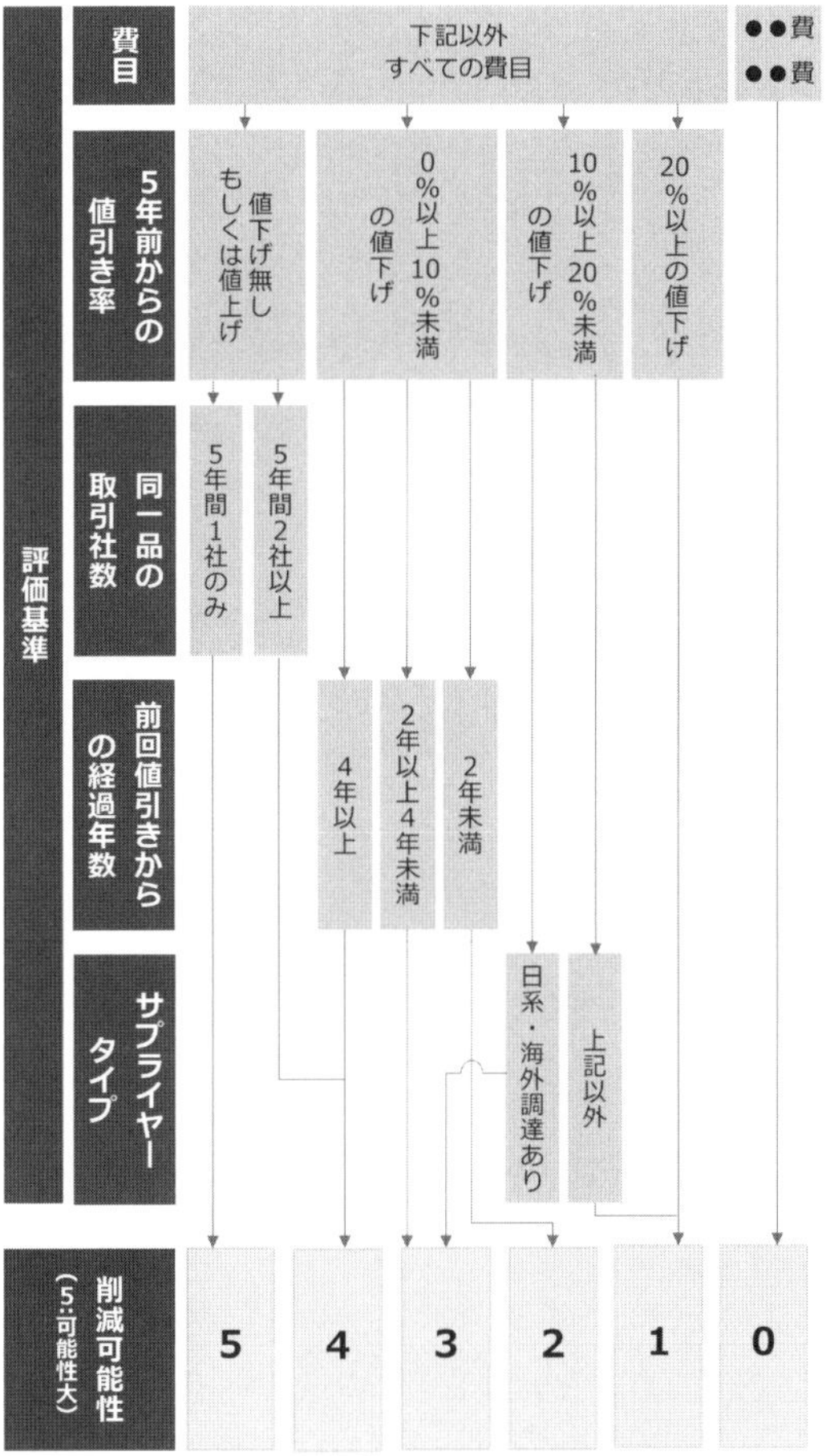

出典：リブ・コンサルティング

図3-6　値下げ交渉における戦略立案と実行のポイント

ポイント	アクション
交渉推進体制の確立	•経営を巻き込んだ全社的な交渉推進体制作り
案件毎の交渉戦術とシナリオの作成	•交渉の切り出し •停滞の打破 •クロージング → 各種テンプレートやエビデンスの準備
交渉の進捗マネジメント	•定例連絡会の運営 •コミュニケーション計画の策定と運用

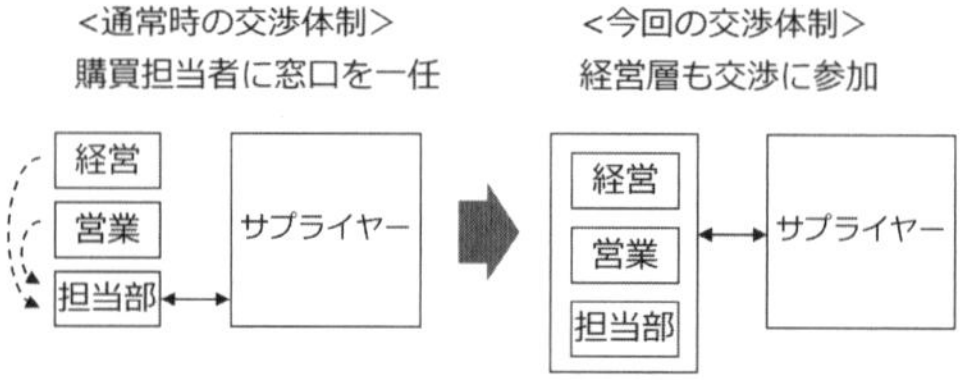

出典：リブ・コンサルティング

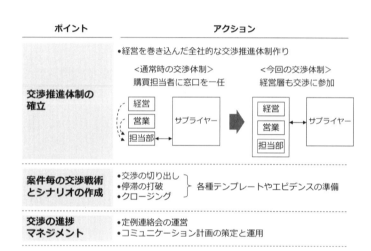

これは改善活動の推進だけでなく、活動を通じて従業員全体に生産性向上に対する意識が芽生え、自主的に考えて動く雰囲気が醸成されたことが大きい。以前は、指示されたことを淡々とこなすだけだったローカル幹部社員や従業員たちが、「ここはムダを省けるのではないか」「もっとよくするには、こうすべきだ」などと意見を出し合うようになった。改善活動前は、利益率が低く、各国にある系列工場の中での評価はかなり低いものだったが、現在は、系列工場の中でもトップクラスの評価を受ける工場へと変貌している。

N社のケースを通じて、日系製造業でコスト削減を実現するためには二つのポイントがあると考える。一つは、売上見込みのワーストケースを想定してコストダウン目標を設定することだ。不都合な未来から目をそらしたくなるローカル社員が多い中で、リスクの高い未来に備えた施策を準備しておくことは駐在経営者の使命といえるだろう。二つ目は、改善を志すのであれば、まず見える化を行うことだ。見えないものは改善できない、言われてみれば当たり前のことだが、アジアに進出している製造業では情報取得の複雑性のため、おろそかにされているケースが非常に多い。経験上、この二つのポイントが筋肉質な組織・事業へ発展させる第一歩となっている。

図3-7　ケース①
日系自動車部品メーカーN社における成功のメカニズム

11個の防御策 ＼ 四つの落とし穴		①危険感度のズレ	②労働力流動化の壁	③全体最適へのハードル	④日本スタイルの押し付け
経営	1. シナリオプランニング	✓		✓	
	2. 長期ビジョンの見直し				
	3. 経営幹部合宿	✓		✓	✓
営業	4. 購買心理軸での行動管理				
	5. 勝ちパターンの見える化				
	6. 提案営業による価値向上				
製造	7. ライン別利益の見える化	✓		✓	
	8. 適正人員の見える化	✓		✓	
人事	9. 人事制度の一貫性改善				✓
	10. モチベーションの見える化				
	11. 戦略的採用				

✓ ……当ケースにて実施した防御策

出典：リブ・コンサルティング

ケース② 日系電子部品メーカーO社
～危機感と価値観をすり合わせ、持続的成長を

O社は過去に実施してきた施策の効果が今一つだったため、売上・シェアともに落ち込んでいた。長期的に見ても、進出国ではそれほど成長が見込める市場ではないため、これまでの売上重視の方針から利益重視へと軌道修正を迫られていた。しかし、社内が一枚岩になれず、このまま社内改革を実施してもあまり効果は期待できそうもないのが現実だった。

O社は経営幹部が日本人で、ローカル幹部社員が100名弱いる組織である。売上目標は恒常的に達成できていない状況だったため、「何か対策をしないといけない」という思いは日本人経営層もローカル幹部層も感じていた。しかし、社内の課題に対しては、日本人経営層とローカル幹部間での認識にギャップがあり、さらにはローカル幹部内でも問題意識がそろっていなかった。そのため、企業という一つのボートを北へ漕ごうとしている人もいれば、南や東へ漕ごうとする人もおり、企業として一貫

性のない方針ばかりがリストアップされていた。

これではどのような経営戦略を立案しても、実行フェーズへ移行することすらままならない。

そこで、まずは経営層と幹部層の意識統一から着手することにし、経営幹部合宿を実施することにした（防御策③を参照）。部長以上のメンバーと社長、副社長が参加。1泊2日の合宿において、前章の図2－5と同様のプロセスに沿って「あるべき姿のイメージ化」「現状の確認」「問題点の共有」「解決方針の共有」について、日本人経営層とローカル幹部層が膝を突き合わせて本気で議論した。経営者が伝えたいことを直接ローカル幹部にぶつけ、幹部はその真意をしっかりと理解し合うまで議論する2日間だった。

全社への浸透を促進すべくワークショップを開催

おかげで、経営層と部長以上のローカル幹部層においては共通認識が育まれていったのだが、これを部長以下のローカル社員に同じだけの熱量を持って伝え、社員全体へ浸透させていかなければ、改善活動の実行フェーズで躓くことになってしまう。そのため、次に行ったのが、全社ワークショップであった。

これまで売上・利益などを業績としていたが、これだけを目標にしてしまうと社員はワクワクできない。そこで、業績を達成できなくても成果を実感できる仕組みをつくるべく、目標達成状況をリアルに表現したビジョンの可視化に取り組んだ。シートの中では、①より良い仕組み、②人材育成、③ＥＩＳ（従業員感動満足）、④ＣＩＳ（顧客感動満足）、⑤業績（売上・利益）という五つの成果軸で部門別に目標を考えてもらった。

図３－８にあるように、ＣＩＳを高めれば業績の向上につながるし、喜ぶ顧客を実感することや業績が上がることでＥＩＳが上昇するという好循環ができる。そして、この好循環をサポートする人材育成の仕組みやシステムなどを整えれば、好循環の質をより良いものにすることができる。

この五つの成果を実現するためには、各部門、各人がどのような目標を設定すべきか議論を重ねながら考えてもらったわけだ。

図3-8　ビジョン可視化の作成ポイント

ビジョンの可視化では、下記の五つの成果項目別にビジョンを設定する。
（業績だけでなく、他の要素も主要な成果目標として検討する）

1	より良い仕組み作り（システム）
2	人材育成
3	EIS（従業員感動満足）
4	CIS　（顧客感動満足）
5	業績 (売上・利益)

五つの成果の関係性

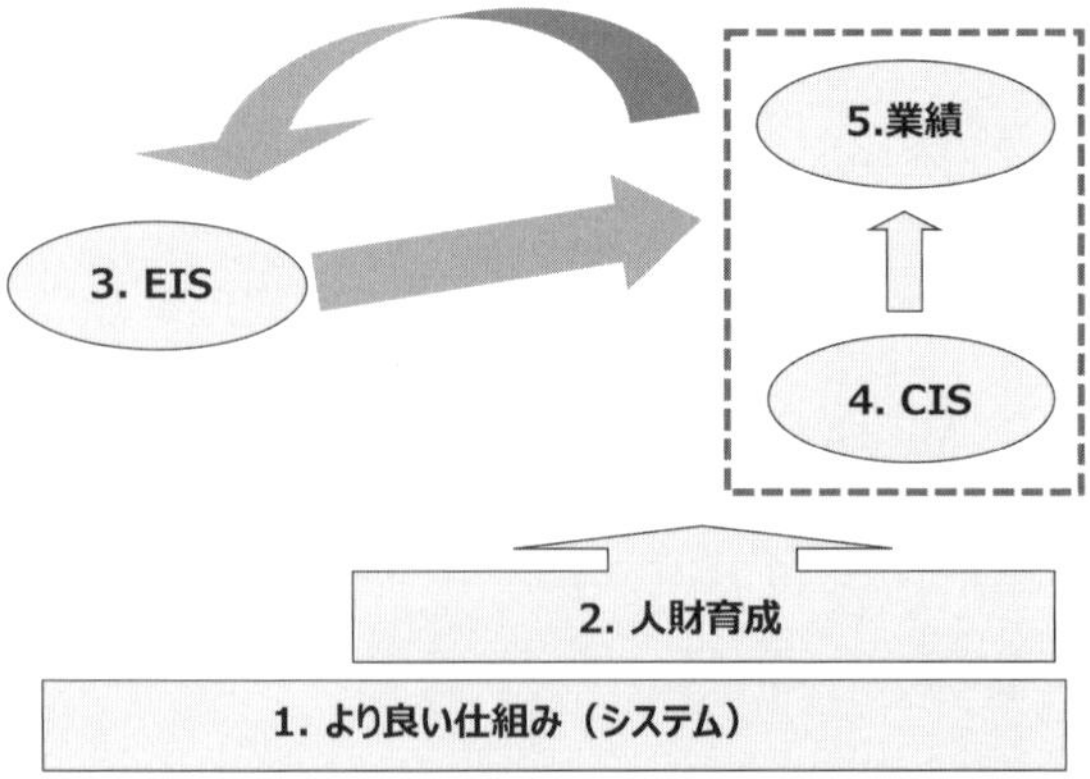

出典：リブ・コンサルティング

また、これらの五つの成果に連動した評価となるように人事評価制度も改定した。そして、評価者の感情や思惑が入り込む余地を極力排除し、納得性の高い評価基準をつくり込んだ。

営業部門については、成功事例や失敗事例、効果の高いノウハウといった知見を共有するための営業レビュー実施報告会を開催するなど、3～4年におよぶ改革に全社一丸となって取り組んだ（図3－9）。

その結果、全社戦略・本部戦略が全社員に浸透し、売上が3年で約70％上昇しただけでなく、社員の意識も変化した。

四半期に一回、テーマ別にローカル社員の成果発表会を実施するようになったが、全社員とも準備にも発表にも前向きに取り組むようになっている。成果を上げて、良い発表を全社員の前で行いたいというモチベーションにつながり、自部門の目標だけでなく、他部門の目標や活動にも興味を持つようになった。

かつての個別最適を脱却し、全体最適に変革された好事例となり、その後も持続的な成長・発展を遂げている。

図3-9　O社における社内改革の推移

	実施事項	対象	期間・頻度
1年目	経営幹部合宿	部長以上	1泊2日
	業務フロー改善プロジェクト	部長以上	4ヶ月
2年目	階層別教育	全社員	10ヶ月
	営業力強化研修	営業社員	10ヶ月
3年目	全社ワークショップ	全社員	3日間
	目標設定＆進捗レビュー	全社員	四半期に1回
	評価制度改善	人事部	6ヶ月
	チーム長合宿	チーム長	1泊2日
	営業実践レビュー報告会	営業社員	四半期に1回
	内製化研修	チーム長以上	3日間

出典：リブ・コンサルティング

図3-10 ケース②
日系電子部品メーカーO社における成功のメカニズム

11個の防御策 ＼ 四つの落とし穴		①危険感度のズレ	②労働力流動化の壁	③全体最適へのハードル	④日本スタイルの押し付け
経営	1. シナリオプランニング				
	2. 長期ビジョンの見直し				
	3. 経営幹部合宿	✓		✓	✓
営業	4. 購買心理軸での行動管理	✓			✓
	5. 勝ちパターンの見える化	✓	✓	✓	
	6. 提案営業による価値向上	✓	✓		✓
製造	7. ライン別利益の見える化				
	8. 適正人員の見える化	✓		✓	
人事	9. 人事制度の一貫性改善			✓	
	10. モチベーションの見える化			✓	
	11. 戦略的採用				

✓ ……当ケースにて実施した防御策

出典：リブ・コンサルティング

ケース③ 日系化学品メーカーP社
～将来への活動を通じて、「改革する力」を培う

P社は業界トップクラスの化学品関連メーカーであり、従業員数百名規模の大手企業だ。経営幹部層は日本人駐在員とローカル人材がほぼ半数ずつで構成されている。事業環境の変化はあるものの、毎年数億円の利益を出す優良企業でもあった。ただ、その業績を支えているのは、長年にわたってマーケットに向き合って築いてきた既存製品の競争優位性であった。同一製品群の中には様々な製品タイプはあるものの、製品群として見ると、ほぼ一製品のみで成り立つ事業となっていた。

こうした事業の柱が一つしかない事業構成に日本人経営者は危機感を募らせていた。「将来を見据えて、近年ニーズが高まっている分野で新商品を開発したほうがいいのではないか」「新しい販路を開拓していくべきではないか」「さらなる顧客の囲い込みをどのようにしていけばいいのか」など、問題意識を抱えながら活動していた。

しかし、ローカル幹部社員は、業績が好調なのにあえてリスクが生じるチャレンジには関心が薄い。特に、ローカルの役員クラスは、定年まで数年ほどということもあっ

て面倒なことはしたくないと露骨に態度で示していた。

感覚値で議論をしても納得感が薄いため、まずはシナリオプランニングによって10年後の市場動向と事業環境を予測した。P社にとっての現地の市場環境は、特定商品の世界的な価格水準や自然環境の変化に大きな影響を受けてきた。こうした事実から将来を見越すと、対象市場の顧客層の収入は減少し、P社にとっても業績の悪化が見込まれた。

P社の主力商品はハイブランドで価格も高めであるため、このままでは競合他社製のミドルクラスの商品に顧客が流れていく懸念も強い。このような市場環境分析や他国市場もベンチマークすることでシナリオプランニングを進めていくと、どう考えても市場規模は右肩下がりになることが明らかだった。競合他社の勢いも無視できないものがあり、近い将来には競合と激しくシェアを奪い合うことになる未来がはっきりと見えてきた。

細かいデータ分析に基づく10年後の未来を見たローカル幹部陣も将来リスクを否定できないという結論に至る。ローカル社員たちへもこの危機意識を共有し、半年かけて、将来のリーダー候補も巻き込みながら中期経営戦略の立案が始まった。売れ筋商品頼みの既存事業から脱却し、新商品の投入・拡大、顧客との関係性改善、自社の顧客資産を活用しながら新規事業の立ち上げなどの新たな方針を盛り込んだ中期戦略プランを確立し、アクションプランに落とし込んでいった。

競合他社が卸売店や小売店などとのリレーション強化によってシェアを拡大している戦略に対抗すべく、P社も顧客や小売店を対象にした顧客の囲い込み施策に乗り出した。顧客の購買活動をサポートするサービスや業務効率向上をサポートする事業などを通じて顧客や小売店とのリレーションを強化し、競合の浸食にブレーキをかけていった。新規事業に関しては、積極的に活動してきた若手リーダー層が主体的に推進する意識が高まり、チャレンジングな事業立ち上げに次々と取り組んでいった。

このような若手のやる気を削がないように、問題のあった人事評価制度の改定にも着手した。

この取り組みを通じてP社がもっとも重視していたのは、将来の危機に対して社員が自ら考え・行動できる風土を社内に醸成することだった。そして、その風土の下において、全体最適の視点を持ちながら改革を進めていける自走力を培うことである。その点でいえば、P社の取り組みは大きな成功を収めたといえる。

図3-11　ケース③
日系化学品メーカー P社における成功のメカニズム

11個の防御策 ＼ 四つの落とし穴		①危険感度のズレ	②労働力流動化の壁	③全体最適へのハードル	④日本スタイルの押し付け
経営	1. シナリオプランニング	✓		✓	
	2. 長期ビジョンの見直し	✓		✓	✓
	3. 経営幹部合宿	✓		✓	✓
営業	4. 購買心理軸での行動管理	✓			
	5. 勝ちパターンの見える化	✓			
	6. 提案営業による価値向上				
製造	7. ライン別利益の見える化	✓		✓	
	8. 適正人員の見える化				
人事	9. 人事制度の一貫性改善		✓	✓	✓
	10. モチベーションの見える化		✓	✓	✓
	11. 戦略的採用				

✓ ……当ケースにて実施した防御策

出典：リブ・コンサルティング

ケース④ 日系電機メーカーQ社
～若手抜擢の人事によって、人材の定着・成長が加速

Q社は、工場の従業員も含め数百名規模の日系電機メーカーである。同社の問題は、営業部門で発生していた。部門の世代別構成比を50～60代のシニア社員が多く占め、営業部員は数十名ほどであるにもかかわらず部長が10人ほどもいた。しかも、そのうちの大半は実際には部をマネージしていないという状態だったのだ。優秀な若手ローカル社員にしてみれば、上が詰まっていて将来が見えない。評価制度も能力より勤続年数を重視する昔ながらのものであるため、優秀な若手が結果を出しても人事評価上あまり加点されることはなかった。さらに、部長たちは自分と仲のよい部下を贔屓して高く評価してしまうこともあり、優秀な若手社員のモチベーションを大きく削ぐ原因になっていた。その結果、若手の定着率は非常に低く、人が育たない状況が続いていた。辞めた若手の中には、数年後再びQ社へ戻ってくるケースもあったが、以前と何も変わっていない環境に失望し、また辞めてしまうこともあった。

日頃から若手ローカル社員と接していた駐在経営者は不満を聞かされており、もっ

と若手が生き生きと働ける組織にする必要性を感じていた。

改革を推進する上でQ社が秀逸だった点は、10年後、20年後に会社がどうなっているべきか、そこに必要な人材がどうあるべきかを駐在経営者と若手社員で決めていった点だ。評価に主観を持ち込むなどシニア部長陣は自分の都合のいいように会社を動かしていく傾向があるため、彼らよりも将来のリーダーである若手中心に議論を進めた。テーマは、人事評価制度改革である（図3－12）。

改革のポイントは、若手でも優秀であれば適正に評価され、昇進しやすい人事評価制度にすることだ。例えば、従来の制度では5段階で評価していたが、評価

図3-12　Q社の「人事評価制度改革」のポイント

明らかになった問題点

・組織が逆ピラミッド型であるため、若手社員が将来のキャリアに期待を持てない。

・評価内容に曖昧な項目が多く、評価者の主観が入りやすい制度となっていた。

・その結果、優秀な若手が適正に評価をされず、やる気を失っていた。

解決策

【人事評価制度の改善】
・評価内容を具体的な項目に改善
・若手でも優秀であれば昇進しやすい人事評価制度にバージョンアップ

出典：リブ・コンサルティング

項目を細分化し、かつ「できる・できない」の2段階評価にあらためることで曖昧性をなくした。できるかできないか迷ったら「できない」を選択することで、必ず「できる」ものだけを評価するようにした。また、従来は「リーダーシップ」「コミュニケーション力」など抽象的に評価していたものを、より細かい項目に分割して評価の精度を上げる工夫も行った。その他、賃金水準、資格制度なども改善した。

そのため、キャリアが長いことによって上級タイトルにはなっているが、ポジションに見合ったパフォーマンスを発揮できていない管理職は処遇が悪くなり、改革後数年内に離職していった。上の重しが軽くなり、成果を正当に評価してもらえる環境が整ったことで、若手が生き生きして成長したり、優秀で辞めた若手が再び戻ってきて活躍していたりと、いい意味での新陳代謝が起こっている。さらに、「社員満足度調査」を定期的に実施し、給与・賃金などでは満足度は低いが、納得性や理念への共感を高めていくことによって社員の満足度を全体的に高めることにも成功している。

また、最初に人事評価制度を改革して若手社員のモチベーションや改革に対する積極性を高めたことで、その後、売上改善のための営業組織改革や営業支援部隊の業務改善など、業績向上に直結する活動も活性化されていった。

図3-13　ケース④
日系電機メーカーQ社における成功のメカニズム

11個の防御策＼四つの落とし穴		①危険感度のズレ	②労働力流動化の壁	③全体最適へのハードル	④日本スタイルの押し付け
経営	1. シナリオプランニング				
	2. 長期ビジョンの見直し	✓		✓	✓
	3. 経営幹部合宿				
営業	4. 購買心理軸での行動管理	✓			✓
	5. 勝ちパターンの見える化				
	6. 提案営業による価値向上				
製造	7. ライン別利益の見える化				
	8. 適正人員の見える化				
人事	9. 人事制度の一貫性改善		✓	✓	✓
	10. モチベーションの見える化		✓	✓	
	11. 戦略的採用		✓		✓

✓ ……当ケースにて実施した防御策

出典：リブ・コンサルティング

ケース⑤ 日系機械メーカーR社
～組織と個人目標の一貫性を整え、活性化

R社は世界各国に進出している日系グローバル機械メーカーであり、すべての海外拠点において、統一された目標管理制度が導入されることが決まっていた。この新たな制度のもとでは、組織目標と個人目標の一貫性が強く求められているため、R社においても組織目標の浸透や、組織目標と個人目標が連動した評価制度を整備する必要性に迫られていた。

しかし、当時のR社は、組織目標と個人目標に一貫性がなく、かつ個人目標のレベル感なども部署によってバラバラであった。成果給制度を導入していたこともあり、達成しやすい簡単な目標を設定するといった本末転倒の事態も散見された。その一方で、厳しい部門長がマネジメントしている部署では、他部署と比べて厳しい目標が設定され、ローカル社員の間で不公平感が充満していた。

この問題を放置してしまうと、全社・部門方針と異なる業務に経営リソースを活用してしまう懸念があるだけでなく、社員に不安や不満が広がり、組織的な稼働率の低

下をまねくおそれがあった。加えて、部署間の一貫性のなさを見過ごせば、適切な難易度の目標にならず、達成に対する「早期あきらめ」や「手抜き」、不公平感によるモチベーション低下など、個人のパフォーマンス低下につながる危険性も高い。そのため、①「個人目標と組織目標の一貫性確保」、②「個人目標のレベル感の統一」を早急に図る必要があった。

組織目標と個人目標の一貫性を生み出すためには、まず社内の共通言語と目標を設定するためのルールを明確にする必要がある。

そこで駐在経営者とローカル幹部との間で、R社におけるビジネス基軸を明確にするために議論を重ねた。ビジネス基軸とは、同社の価値観の浸透に必要な重要な言葉の定義と、適切な目標を設定するための思考プロセスとルールを言語化したものだ。次に、これらを現場へ浸透させていくため、部長、グループ長、社員と段階を踏みながらワークショップやレビューを実行していった（図3－14）。

具体的には、全社目標を達成するために本部として設定すべき目標等を明確にして本部長レベルで共有。本部の目標を達成するために足りないことを洗い出して部門に落とし込むといった具合で上位組織が設定している目標達成に必要な条件を抽出・分

図3-14　R社におけるビジネス基軸の浸透ステップ

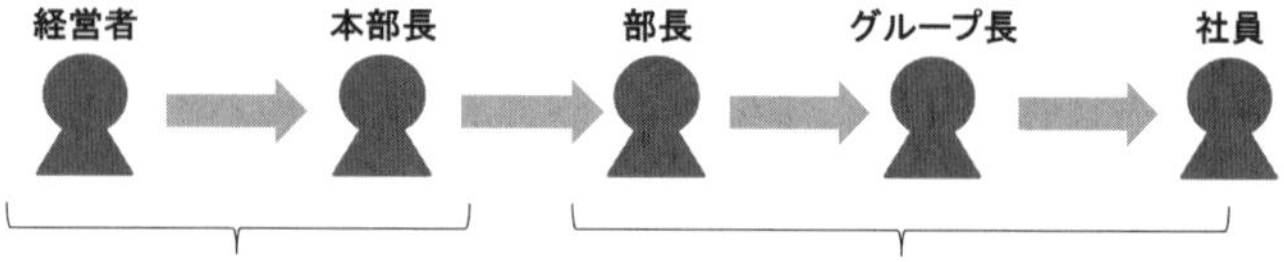

STEP 1　役員ワークショップの実施

【共通言語創り】

1)「ビジネス基軸」の構築
浸透に必要な言葉の定義を明確化

2)「目標管理手法」の構築
適切な目標を設定するための思考プロセスとルールを明確化

STEP 2　個人別レビューの実施

【現場浸透】

1)管理者の能力強化
【解釈力】背景・狙い・具体例を理解する能力
【分解力】上位目標を下位目標に分解する能力
【伝達力】下位者に適切に伝える能力

2)実践による浸透
実践とフィードバックによる迅速な浸透

STEP 3　システムの構築

【仕組み化】

1)検討プロセスの最適化
STEP1・2の実践後の振り返りを通して最適化

2)マニュアル化
継続・浸透のためのマニュアル化

出典：リブ・コンサルティング

解して下位組織の目標に設定することを繰り返し、個人目標にまで落とし込んでいった。また、浸透させるにあたっては、定義した背景や意図、事例などを共有して、理解・共感を生み出すことに腐心し、納得感を醸成しながら下位組織へ広めていくことに注力した。

現場への浸透を図る際、苦労した点は、本部長を含め現場の人たちがブレイクダウンすることに慣れていないことだった。従来は、社長が指示したことを何となく実行するだけでよかったため、ブレイクダウンして下に論理的に伝えることができなかったのだ。そこで、浸透施策を推進するとともに、論理的に人に伝えるテクニックについてもフォローする必要があった。

このプロジェクトによって業績が目覚ましく上がったといった定量的な成果は見えにくい。しかし、間違いなく「強い組織」に生まれ変わることができたはずだ。社員は明確な数値目標を持ち、その意味合いも理解しているため、達成に向けたモチベーションが高い。日頃から数値で成果を考える習慣が培われたことで、業務改善に向けた意見が社員の中から出てくるようになった。また、個人目標のレベル感が統一されたため、結果を出していたのに評価されず埋もれていた人材が引き上げられ活躍するようにもなった。こうして、組織が活性化され成長への躍動感が生まれた。

図3-15　ケース⑤
日系機械メーカー R社における成功のメカニズム

11個の防御策 ＼ 四つの落とし穴		①危険感度のズレ	②労働力流動化の壁	③全体最適へのハードル	④日本スタイルの押し付け
経営	1. シナリオプランニング				
	2. 長期ビジョンの見直し	✓		✓	✓
	3. 経営幹部合宿	✓		✓	✓
営業	4. 購買心理軸での行動管理				
	5. 勝ちパターンの見える化				
	6. 提案営業による価値向上				
製造	7. ライン別利益の見える化				
	8. 適正人員の見える化				
人事	9. 人事制度の一貫性改善		✓	✓	✓
	10. モチベーションの見える化				
	11. 戦略的採用				

✓ ……当ケースにて実施した防御策

出典：リブ・コンサルティング

ケース⑥ 日系自動車メーカーS社
～営業のベストプラクティスを仕組み化して、売上向上

自動車を販売しているS社には系列のディーラーが数十社あるが、そのほとんどはモノ売り営業に終始していた。しかも、営業担当者は顧客から電話がくるのを待つだけで、自分から新規開拓に取り組むといった姿勢はほとんど見られなかった。さらに、ディーラー同士のライバル意識が強く、同系列のディーラー間で価格競争も起きていた。顧客がS社のディーラー間で相見積もりをとって価格を競わせることが頻発していたのだ。同社の車が市場をほぼ独占しているような状況であれば、同系列ディーラー同士の価格競争も理解できなくはない。しかし、S社の場合は、強力なライバルメーカーがいた。抜きつ抜かれつのシェア争いを繰り広げてきた歴史があり、近年はライバルメーカーの勢いがS社を上回りつつあった。

今後、その国の自動車市場は経済成長の後押しを受けて成長が見込まれるが、今の勢いで両社がシェア争いを続けていけば、ライバル会社の成長のほうが大きく、水をあけられる可能性が高かった。このような未来を変え、自社の存在感を高めていく

ためにも、ライバルメーカーのシェアを奪っていかなければならない状況にあった。とはいえ、モノ売り営業主体で長年営業してきたため、価格を下げる以外、顧客に対して価値を提供する方法を知らなかった。

そこで、営業のベストプラクティスをつくるプロジェクトがスタートした。

数十社あるディーラーの中からモチベーションの高い5社を選び、モデル店舗として改革を進めることにした。各ディーラーのトップセールスと普通のセールスにインタビューを行い、両者の差がどこにあるのかを分析。加えて、ライバル店には覆面調査を行い、自社ディーラーとの違いを分析した。このような現状把握の結果、明らかになった問題は大きく四つある。①既存顧客に営業をかけるタイミングがはっきりしておらず販売機会を逃していること、②新規顧客へのアプローチは来店する顧客への接客かＷｅｂサイトへの問い合わせなど〝待ちの営業〟ばかりであったこと、③営業手法は営業担当者の経験と知識に大きく依存しており、営業担当者間で業績に大きなバラつきがあること、④価格以外の価値を顧客に提案できていないことだった。

①については、各ディーラーが保有している顧客情報をもとに、各種データベースにアクセスすることで、既存顧客が次に購買するタイミングを推定できる手法を開発

した。②については、車両データベースをもとに対象顧客をリストアップし、ターゲット顧客の優先順位を設定。優先度の高いところから毎日電話をするよう促した。③と④については、トップセールスのノウハウや海外の自動車販売営業のベストプラクティスなどを盛り込みながらマニュアルを作成した。

価格やスペック以外に提供できる価値や、顧客の困り事を想定する仮説の立て方、顧客へ提案するときのトークスクリプトなど、細かいところまでマニュアルに落とし込み、営業担当者の能力にかかわらず、一定品質の営業ができる仕組みをつくることで対応した。例えば、長距離を移動することが多い顧客向けには燃費の良さや走行距離に応じた燃料の削減効果などのデータを、重量物を頻繁に運ぶ顧客向けには1度に運べる荷物の量をまとめたデータなど、顧客ニーズ別に訴求効果が期待できるデータを整理してマニュアルに記載しておき、営業活動に活用できるようにした。

モチベーションの高いディーラーを選んで営業手法を開発・浸透させたことも効果的だったといえる。新しい営業手法を取り入れることに積極的であり、当活動の結果、一人あたりの販売台数が40％もアップするという成果を出してくれたからだ。

当初は懐疑的だったほかのディーラーも、この様子を見て、新たな営業手法の導入に前向きになり、全ディーラーへの浸透もスムーズに進めることができた。

図3-16　ケース⑥
自動車メーカーS社における成功のメカニズム

四つの落とし穴 ＼ 11個の防御策		①危険感度のズレ	②労働力流動化の壁	③全体最適へのハードル	④日本スタイルの押し付け
経営	1. シナリオプランニング	✓		✓	
	2. 長期ビジョンの見直し				
	3. 経営幹部合宿				
営業	4. 購買心理軸での行動管理	✓			✓
	5. 勝ちパターンの見える化	✓	✓	✓	
	6. 提案営業による価値向上	✓	✓		✓
製造	7. ライン別利益の見える化				
	8. 適正人員の見える化				
人事	9. 人事制度の一貫性改善			✓	
	10. モチベーションの見える化				
	11. 戦略的採用				

✓ ……当ケースにて実施した防御策

出典：リブ・コンサルティング

ケース⑦ 日系食品素材メーカーT社
～勝ちパターンの仕組み化で、新規顧客数を3倍に

食品素材を製造・販売するT社は、3年後を見据えて大きな目標を設定していた。現状の工場稼働率は60％ほどで顧客企業数は数十社程度だが、3年後には顧客企業数を3倍に増やし高利益体質の実現を目指していた。

そのため、新たに営業社員を大量に採用し、営業活動の活性化を図っていた。

顧客の数を大幅に増やすには、当然ながら新規顧客を開拓しなければならない。しかし、現状売上の大半は既存顧客との取引で生まれたもので、わずかにある新規顧客は、ベテラン営業社員の人脈によるものであり、新規顧客開拓のノウハウが確立されているわけではなかった。

また、ベテラン営業社員は既存顧客の対応で手一杯であるため、新規開拓は基本的に若手と新たに採用した新人が担っており、期待されたパフォーマンスを発揮するのは難しい状況となっていた。

T社の顧客企業は食品加工の工場だが、新規顧客を探すために有効な手段が確立されておらず、該当しそうな企業をネットで調べたり、スーパーで売っている食品の製造元を確認して、手当たり次第に連絡してみるというのが常套手段であった。しかし、そのようなアプローチでは効率が悪く、ターゲット企業もすぐに枯渇するという状況が続いていた。

そこで、まずは潜在顧客の洗い出しとターゲット企業の優先順位付けから着手することにした。

進出国内の食品加工メーカー数千社をすべてリストアップして、売上規模、自社製品を使用しそうな食品を製造しているか、T社の強みを高評価してくれそうな企業かという視点で優先順位を設定。その結果、数百社のターゲット企業リストが完成した。

自社商品を使用するメリットを資料化

ターゲットリストの次は、営業における勝ちパターンの見える化に取り組んだ。まず、顧客企業先でアポイントを取る部署を購買部門からR＆D部門に変更した。

日本の場合、R&D部門というと要素技術研究を行う部署というイメージが強いが、T社のある国では、開発部門のことをそう呼んでいる。そのため、新商品開発や既存商品のリニューアルが行われる場合、使用する素材や食材の決定権はR&D部門が握っていた。

どのような商品に素材を使うのか、詳細までは把握していない購買部門へ営業に行くよりも、直接R&D部門に営業を行ったほうが、必要としている素材に関する詳しい情報を得られるため契約を勝ち取りやすくなるというわけだ。

その前提で勝ちパターンを構築していった。

例えば、顧客の主力商品にT社商品を使用したサンプルをつくり、見た目や味、舌触り、食感などがどのように変化するのかをまとめておけば、R&D部門が興味を持つ可能性を高められる。

世代別に流行っている食べ物のリストを作成し、T社の商品を使用するとどのようなメリットがあるかといった情報を提供したり、顧客が海外にも商品を輸出している場合は、輸出先の国々に関する人気食品とT社製品の相性の良さを明示した資料でアピールした。また、顧客の問題意識をヒアリングするフェーズでは、もっとも効果的な質問プロセスを明確にし、ヒアリングツールを作成した。
このように営業の勝ちパターンを可視化して、すべてマニュアルに落とし込むことで、若手や新人営業でもすぐに実践できる体制を整えた。

また、このプロジェクトでは、ローカル社員が新たに新規顧客開拓営業に取り組む際のストレスを低減する工夫も行った。

といっても、何かシステムなどを使ってスマートにサポートしたといったわけではない。初期段階でアポイントが取れないとモチベーションが大きく下がってしまうため、事前にコンサルタントがテストセールスを行い、T社商品との相性を確認して、アポイントが取れる確度の高い企業を優先度の高いリストとしてローカル営業社員に提供した。ある程度、アポイントが取れて自信がついてくると自走できるようになるが、モノ売り営業や指示待ち営業しか経験してこなかったローカル社員の場合は、スタート時点で心が折れないように工夫することも重要だ。

このような施策を実行した結果、月間の新規顧客獲得数が約3倍に増加。成約率も大幅に改善し、当初設定した3倍成長への目標達成に大きく近づくことができた。

図3-17　ケース⑦
食品素材メーカーT社における成功のメカニズム

11個の防御策 ＼ 四つの落とし穴		①危険感度のズレ	②労働力流動化の壁	③全体最適へのハードル	④日本スタイルの押し付け
経営	1. シナリオプランニング	✓			
	2. 長期ビジョンの見直し			✓	
	3. 経営幹部合宿	✓		✓	✓
営業	4. 購買心理軸での行動管理	✓			✓
	5. 勝ちパターンの見える化	✓	✓	✓	
	6. 提案営業による価値向上		✓		✓
製造	7. ライン別利益の見える化				
	8. 適正人員の見える化				
人事	9. 人事制度の一貫性改善		✓		✓
	10. モチベーションの見える化		✓		✓
	11. 戦略的採用		✓		

✓ ……当ケースにて実施した防御策

出典：リブ・コンサルティング

mind
soul
spirit
body

Chapter 4

飛躍を遂げる、リーン&スマート!

競争が激しいアジア市場では、まずはリーンを、そしてスマートへ

ここまで紹介してきた四つの落とし穴と11の防御策を通じて、日系企業が陥りやすい落とし穴の回避策・防御策については理解いただけたと思う。

海外駐在経営者や管理者がこれら防御策を実行することで、赴任して2年以内の改革の成功率を大きく高められるはずだ。しかし、これらは〝落とし穴〟という表現を使っている通り、あくまでもネガティブな状況を回避・改善することに焦点を当てたものである。

それは本書の執筆動機が、日系企業がアジアにおいて落とし穴にはまり、駐在経営者や管理者が当初想定していたような成長戦略や経営活動を推進しにくくなっている現状を何とかしたいという思いからきているからだ。

だが、無事に落とし穴を回避、もしくはもともとそうした落とし穴が存在しない日系企業にとっては、「会社の成長をドライブさせるステージ」において何をすべきか

が気になるだろう。そこで、Chapter 4では成長ステージで成功をつかむための基本的な考え方や方策について触れておきたい。

そのキーワードが、「リーン&スマート」である。

〝or〟ではなく、〝and〟

リーンはもともと「贅肉がない、均整のとれた」といった意味だ。そのため、ビジネスシーンでリーンというときは、トヨタ生産方式に代表されるようにムダなものを削ぎ落して筋肉質な生産体制や事業構造、組織にしていくことを指す。端的にいえば、低コスト化、コストリーダーシップ戦略である。

一方、スマートとは顧客にとっての価値向上を目指した差別化戦略のことをいう。ターゲットとなる買い手はある程度限定されるが、そのターゲットにとっての価値を高めることで競合との差別化を図る戦略だ。

本来、このリーンとスマートは相反するものであった。価値を追求すればするほどコストはかさむし、コストを追求するには汎用性を高めるため差別化しにくくなるからだ。
そのため、従来の戦略は「リーンｏｒスマート」であった。リーンへ向かうのか、スマートを目指すかの二者択一で考えていた。
しかし、競争が激しく、品質で差がつかなくなってきているアジア市場においては、どちらか一方ではなく、両方を実現する必要性が高まっている。「リーン〝ｏｒ〟スマート」ではなく、「リーン〝ａｎｄ〟スマート」を目指す必要がでてきた。

なぜ、両方を目指さなければならないのか。それは、日系企業がアジア地域においてどちらか一つを選択しても勝機が見えないからだ。日系企業は長らく「高くても品質のいいもの」で勝負してきた。そこへ中国や韓国企業、ローカル企業が品質はイマイチだが低価格の商品で参入し、じわじわとシェアを広げ、近年では品質面でも日系企業に追いついてきている。いや、分野によってはすでに日本製品を追い越している。

つまり、かつてはアジア市場における競合である他国企業はリーン戦略で市場へ食い込んでいたものの、日系企業はジャパンプレミアムを背景としたスマート戦略で勝つことができていた。ところが、競合がスマート領域に踏み込んできたことで日本企業の優位性はガラガラと崩れ落ちている。

　ここでいまさら日系企業がリーン戦略へ舵を切っても、勝ち目がないのは明白だろう。とはいえ、よりスマートを強化するため、日本で生産したものを現地で輸入しようとすると物流コストがかさみ一層価格が高くなってしまう。

　安くていいものになりつつある競合商品が相手なのだから、この手もあまり効果は期待できないだろう。

まずリーンからはじめよ

　そこで私が日系企業に提唱したいのは、まずリーン戦略によってムダを削ぎ落とし〝投資余力〟をつくった後、〝新規事業開発〟によってスマートを追求するという戦略だ。「リーンからスマートへ」、この手順が重要だと考えている。

　アジアにおける日系企業の多くは、リーンを追求できていない状態にある。ジャパンプレミアムによって商品が売れていたため、コスト削減戦略を真剣に考える必要があまりなかったからだ。これは、リーンの実現に真剣に取り組めば、比較的短期間のうちに成果を出せるということを意味する。実際に、私が関わってきたプロジェクトでは、3カ月から半年で、一定の利益体質へ移行できている。

それに、スマート戦略として事業開発を行うのであれば、ある程度の初期投資が必要なため、資金余力を持つことが重要だ。

アジアにおける日系企業は、競合の成長によってシェアが落ちつつあるといっても一定の利益を確保できていることが多い。この状況にある今のうちに、リーンによって筋肉質な会社へと生まれ変わり、そこで得た余剰資金を使って未来の成長へとつながるビジネスを生み出す必要がある。

図4-1　Lean & Smart実現までのステップ

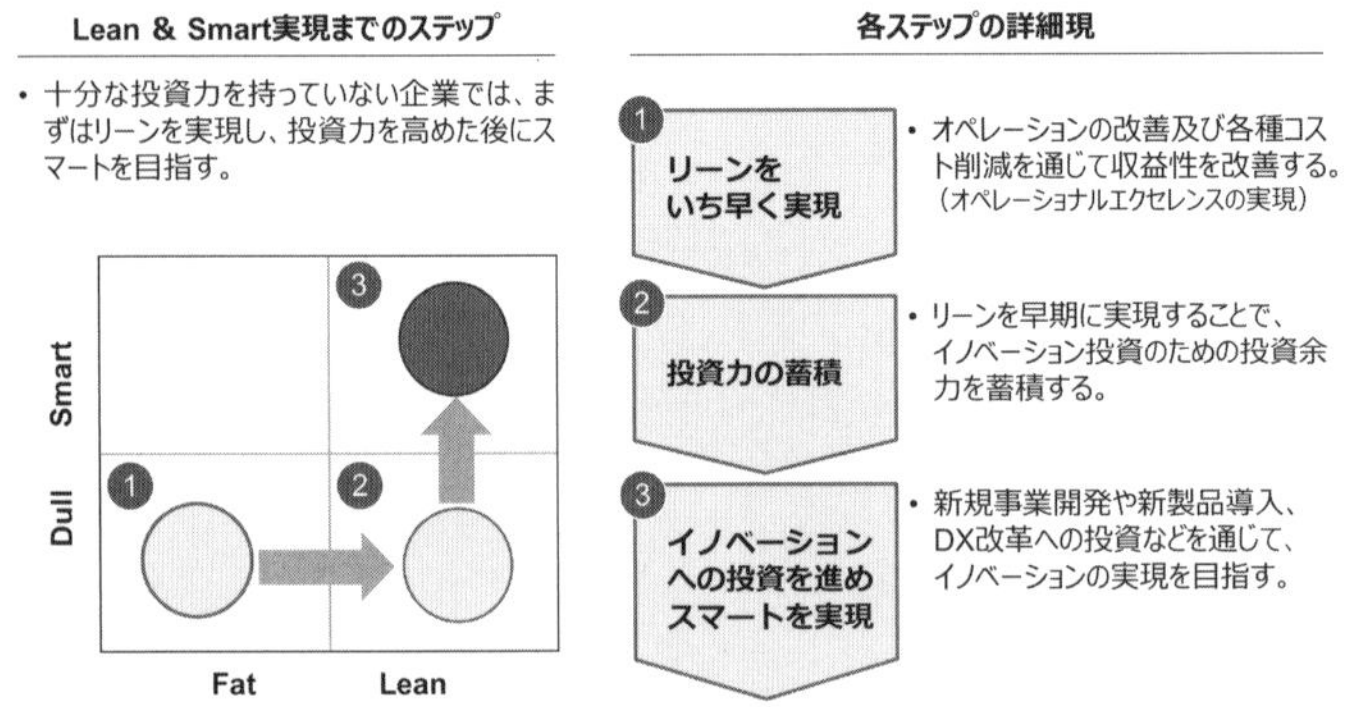
Lean & Smart実現までのステップ
・十分な投資力を持っていない企業では、まずはリーンを実現し、投資力を高めた後にスマートを目指す。
Smart
Dull
Fat
Lean
1
2
3
各ステップの詳細現
1 リーンをいち早く実現
・オペレーションの改善及び各種コスト削減を通じて収益性を改善する。（オペレーショナルエクセレンスの実現）
2 投資力の蓄積
・リーンを早期に実現することで、イノベーション投資のための投資余力を蓄積する。
3 イノベーションへの投資を進めスマートを実現
・新規事業開発や新製品導入、DX改革への投資などを通じて、イノベーションの実現を目指す。

出典：リブ・コンサルティング

リーンの実現を推進。それはオーナーシップの醸成から……

アジア地域において日系企業がリーンを実現するには、ローカル幹部社員の〝オーナーシップ（自分が会社を主体的にリードする意識）〟を強化する必要がある。

なぜなら、コストダウンを含めた企業全体の最適化を図るには、個人の利益以上に会社全体としての利益を考える必要があるからだ。そのとき、自分自身の利益を優先して提案や判断をしてしまってはコストダウンなどを実現できないだけでなく、現場社員からも信頼を失う原因になりかねない。

ただ、オーナーシップを持ちえる社員は、私の経験上、全体の20％ほどしかいないのが現実だ。そのため、まずはこの20％の社員を見出し、次世代リーダーと位置付けて、その社員たちと一緒に、未来の組織のデザインから考えることが大切になる。もし、次世代リーダーに心当たりがない、もくしは赴任間もないため誰が適任かわからないということであれば、シナリオプランニングの簡易版をつくり、会社の5年後、

10年後について議論し合うワークショップを開催するのが効果的だ。

例えば、未来の事業環境を考えたときに、どのような戦略や組織体制が必要かを考えてもらい、4、5名のグループに分かれてディスカッションしてもらうのだ。

もしくは、そのアイデアを経営層に向けてプレゼンしてもらってもいい。

その中で、どのような発言をするのかをじっくり見ることで、次世代リーダーを見極めていくことができるだろう。

個人と会社のどの目線で考えているか、会社の未来に危機意識を持っているか、意見がロジカルに整理されているか、非現実的なアイデアや批判だけに終始していないか、提案する姿勢があるか……。このあたりはしっかり確認しておきたい。

また、これらの項目について360度評価を行うことでも、ある程度の見極めは可能なはずだ。

なぜ次世代リーダーとともに行うことが重要なのかというと、現時点の幹部たちが未来のための改革にコミットするのが難しいからだ。

現幹部は5年後、10年後は定年などで退職していることもあるため、どうしても未来に対する危機感や本気度が薄くなる可能性が高い。

その点、次世代リーダーであれば、5年後、10年後、まさに自分たちが直面する課題であるため、自ずと真剣みが増すというものだ。また、優秀な若手ローカル社員が成長できる明確な未来を想像することで、自社へのエンゲージメントが高まることも期待できる。

シナリオプランニングで未来の自社をイメージ

次世代リーダーの選出が終わったら、彼ら彼女らとともにオーナーシップを強化するためのワークショップを開催する。

内容はシナリオプランニングによって5年後、あるいは10年後の自社を取り巻く事業環境を検討するのがいい。

図4－2～4－4は、ある企業向けに行ったオーナーシップ強化のワークショップで使用したものだ。

　このときは、まず参加者一人ひとりに、今は存在しないものの将来登場してくるであろう競争相手やパートナー、ユーザーを書き出してもらい（図4－2）、パートナーやサービス提供者が自社に感じる価値、競合が考えるであろう対抗策を考えてもらった（図4－3）。

　その上で、参加者全員で競合やパートナー、サービス提供者、ユーザーそれぞれについて「機会となる要素」と「脅威となる要素」を議論し、5年後、10年後の自社を取り巻く環境を具体化していった。

　例えば、自動車ディーラーであれば5年後にはEVが普及してガソリン車はか

図4-2　将来の事業環境を予測する視点

●【競争相手/パートナー】今は存在しないがこれから登場する競争相手やパートナーとは？

【競争相手】	【パートナー】

●【消費者】今存在するユーザーではなくこれから現れるユーザーとは？

出典：リブ・コンサルティング

図4-3　顧客や競合から見た自社の価値

● 【パートナー/サービス提供者】パートナーやサービス提供者は何に価値を感じて自社と取引関係を継続（開始）したいと感じているか？

● 【競争相手】競合企業は、自社に対してどのような脅威を感じているか？

● 【競争相手】あなたが競合企業に転職した時、どのようにして自社へ対抗するか？

出典：リブ・コンサルティング

図4-4　プレーヤー別に見た機会と脅威

●今後10年の自社にとっての"機会"と"脅威"とは？

競争相手

パートナー

サービス提供者

消費者
(個人・企業・官公庁など)

出典：リブ・コンサルティング

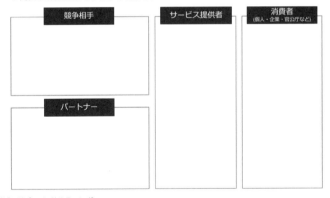

なりシェアを落としているはずだ。それに伴い、電機メーカーや通信会社など、既存の自動車メーカー以外の企業の参入が増えるだろう。

また、ＥＶはガソリンから電気へ動力源が変わるため、充電機器やＥＶに適した電気料金プランのニーズが高まる。となれば、充電機器メーカーや電力会社との連携を、ユーザーに付加価値として提供する機会が生まれる。

一方で、電力会社が主体となってＥＶ関連製品の販売に乗り出してくる可能性もあるだろう。こうした予測をもとに、将来の機会と脅威を洗い出していく。

これはかなり大雑把な例だが、ワークショップを通じて、将来の自社の姿をできるだけ具体的に話し合うことで、自社が抱えている危機感や会社目線での発想を培うことができる。

自身のペルソナ作成で会社を自分事化する

次に、議論の結果、具体化された将来の会社をけん引するリーダーとなるためには、自分はどのような人間になっているべきかをイメージして、将来の自身のペルソナを描いてもらう。

ペルソナとは、防御策⑪でも触れた通り、顧客向けマーケティングにおいて典型的なユーザーを表すために作成する仮想的な人物像のことである。

一般的にはマーケティング活動で作成するが、ここでは自身の理想像を具現化するためにペルソナを作成する。

図4－5にある項目は前述の企業向けのものであり、自社の特性に合わせて記載項目の変更は可能だが、日系企業の次世代リーダーにはこれらの項目を記載してもらっている。

なかでも、「インプットするための日々

図4-5　将来における自身のペルソナを検討

氏名		入社	
生年月日		役職	

大事にしている価値観		リーダーシップスタイル	
インプットするための日々の習慣		日々部下に伝えていること	
日々感じている社内に対する問題意識		特に精通している分野	
日頃から追求しているKPI		直近で実施した主な改革	

出典：リブ・コンサルティング

の習慣」「日頃から追求しているＫＰＩ」「特に精通している分野」をしっかり考えることで、自身の成長課題を明確にしやすくなるので、重点的に推敲してもらうといいだろう。

実は私も、リブ・コンサルティングのタイ支社のマネジメントを任されるなどターニングポイントを迎えたときには、私自身の未来におけるペルソナをつくるようにしている。

その効果も実感しているため、クライアントのリーダー層にも積極的に勧めているのだ。

ワークショップの狙いは、次世代リーダーが自社のことを自分事として考えるきっかけを与えることであり、ここで検討した戦略のすべてを実行しなければならないわけではない。

そのため、検討結果の正確性よりも参加者がどれだけ真剣に考えたか、前向きに取り組んだのかを重視して進める。

聖域なき徹底的なコストダウンで、リーンへと生まれ変わる

オーナーシップの強化ができたら、リーンへと生まれ変わるためのコストダウンに取り組もう。コストダウンをいかに実現するかは企業によって適した手法が異なるため、本書で詳しく説明することは差し控える。

そのため、ここでは削減すべきコストの見出し方に触れておく。

ムダなコストを見出す際の軸は、大きく二つある。一つは、ベンチマークしている競合他社との比較。もう一つが、自社の過去実績との比較である。

まず、売上高に対する売上原価の割合や売上高に占める販管費比率を割り出し、同業他社と比べて高いのか低いのかを調べ、どこにムダが潜んでいるか目星をつける。次に、それらのコスト項目を洗い出し、他社比較と自社の過去実績比較の2軸で優先順位をつけて、原因と打ち手を検討していく。

例えば、競合よりも材料費がかなり割高だった場合、材料の代替を検討すれば、コストダウンできるかをある程度判別できるはずだ。

また、自社の過去実績と比較してコストが増えているものがあれば、その内訳や背景を確認しておく。N社の事例で触れたように、サプライヤーとの間で何年も値下げ交渉を行っていないのであれば、交渉によって材料費を削減できる可能性が高い。

コストに関する情報ソースは複数確保する

このようにコスト項目を一つひとつ精査していき削減項目の優先順位を付けたら、削減目標を設定することも忘れてはいけない。

例えば、過去のコスト水準と同程度まで下げるという目標でもいいだろう。もしくは、同業他社より高い場合は、同業他社の水準を目標にするのもわかりやすい。

各タスクに費やす時間を明確にして、必要な人員数を割り出し、余剰人員数を割り出す。加えて、各タスクに必要なスキルと現人員のスキルをマッチングさせることでムダの無い人員配置へと改善することもできる。

日系企業ならではの注意点としては、〝聖域なきコストダウン〟を徹底することだ。多少オーバーな表現に感じるかもしれないが、アジアに進出している日系企業には聖域といえるような手を付けられずに見て見ぬふりをされて、削減されないコストが存在していることがある。

例えば、自社幹部とサプライヤーの個人的な関係のために割高な取引を続けているケース、必要以上に駐在員の数が多いケースなどだ。

過去のケースでは、あえて割高な金額で発注してバックフィーをもらっていることもあった。

こういうことが起こりうるため、コストに関する情報を収集するときは一つのソースからではなく、多方面の情報ソースを確保する必要がある。

こういったところへメスを入れられるかどうかは、主導する駐在員の腹の括り方に加えて次世代リーダーのオーナーシップにかかっているため、先述の通り、リーン実現に向けた取り組みの最初に、オーナーシップ強化を行うことが重要だ。

ベンチャーマインドを阻害する環境を徹底的に排除する

リーンを実現し、投資余力を確保できたらスマートへの取り組みとして事業開発を開始する。その際、①ベンチャーマインドを発揮しやすい環境づくりと、②将来課題から事業開発のタネを見出すこと、が重要になる。まずは①から解説していきたい。

これまで何度も説明してきたように、日系企業はローカル社員に既存のオペレーションをうまく回すことを要求してきた。しかし、イノベーションを進めようと思えば、組織規模に関係なくベンチャーマインド、すなわちリスクをとって新しいことにチャレンジする姿勢が欠かせない。そこで、イノベーション推進を担当するローカル社員のベンチャーマインドを発揮しやすい環境整備を進めよう。多くの日系企業が新規事業開発に取り組もうとすると、まずは既存事業をやりながら空いた時間で新規事業開発に取り組むよう要求する。そうなると、新規事業を担当する社員は自主的な活動を求められ、それに対する評価も適切に行われない。

日本人の感覚であれば、こういった指示も受け入れられるのであろうが、自身の評価を強く意識するローカル社員には受け入れがたいものでしかない。それがたとえベンチャーマインドを持っている人材であっても変わりはない。むしろ、自ら積極的に業務に取り組む社員こそ、それが評価されないことに不満や失望を抱きやすい。だからこそ、挑戦したことで得られる結果だけでなく、挑戦するという行動も評価する仕組みをつくり、新規事業開発と人事評価を連動させる必要がある。例えば、「新規事業開発のタネを3カ月以内に三つ考える」「新商品を年末までにローンチさせる」など、要所で達成すべき評価項目を設定するといいだろう。

また、既存事業と並行して新規事業開発に取り組む場合は、新規事業開発に投下すべき稼働率を明示したり、社内向けに新規事業担当であることを広報したりすることで、新規事業開発に取り組みやすい環境を整えることも重要だ。なぜなら、新規事業開発はしばらくの間、利益を生むことができないからである。そのため、既存事業に従事している人間からは「自分たちが稼いだ利益を、よくわからないことに使っている組織」などと思われがちだ。こういった逆風が担当者のモチベーションを削いでしまい、新規事業開発が暗礁に乗り上げることだってある。このような事態を防ぐには、将来の会社にとって重要な業務に従事していることを社内にしっかりアナウンスし、担当者が適切に評価される環境を提供すべきだ。

顧客の将来課題を起点に、スマートへと変革する

アジアにおいて新規事業プランを構築する場合は、未来のトレンドや事業環境を分析し、新たな市場機会を抽出する。その上で、想定顧客の課題やペインポイントを把握して、その解決につながる商品やサービスが何かを考えていく。ただ、海外市場では〝顧客課題の把握〟が難しいという壁がある。言語も慣習も異なる日本人が、現地の顧客が抱えている課題やペインポイントをリアルに理解するのは簡単なことではないからだ。この壁を乗り越えるには、徹底的に既存顧客や潜在顧客と対話することが重要になる。例えば、食品分野で新規事業を開発しようとするなら対象となる消費者にインタビューして、「今、何に困っているのか」「何にどのくらいのお金を使っているのか」「どんな食品に興味があるのか」などを詳しく聞き出さなければならない。それは自動車業界だろうが、通信業界だろうが同じことだ。

海外では顧客のリアルな課題を探るのが面倒だからと、ネットに落ちているようなデータを使ってそれっぽい結論をつくってしまうことがあるが、実態をまったく反映

図4-6　新規事業プランの構築サイクル

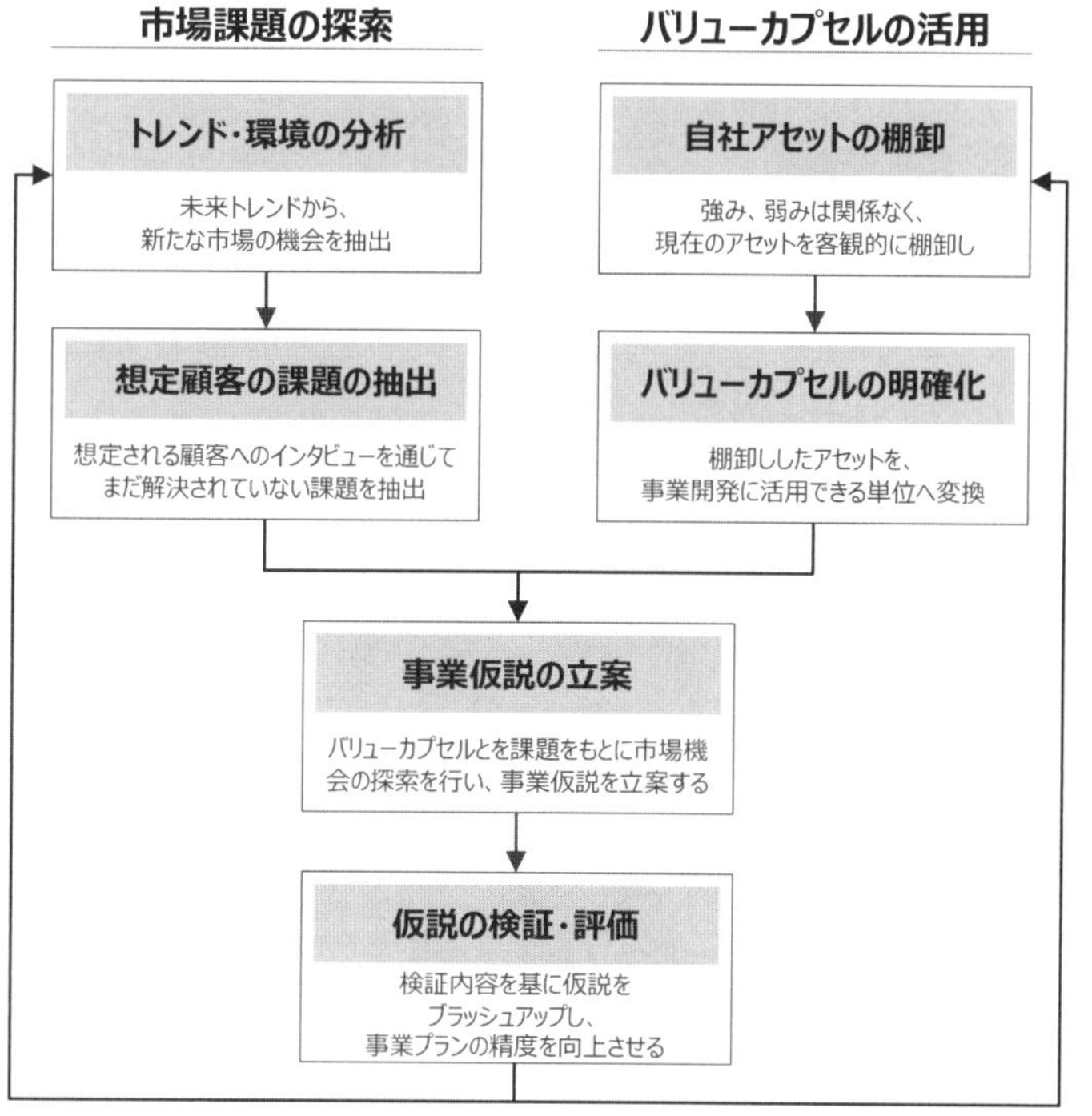

出典：リブ・コンサルティング

していないことが多い。

そのため、私たちが顧客課題を見出すときは、数百人規模でインタビューを行う。ある事業開発プロジェクトでは、様々なエリアの農民300名、小売店100社に直接インタビューを行ったこともある。その結果、農業従事者のエリア別・年代別・特徴別の課題意識や志向性を把握でき、新事業のビジネスモデル構築につながっただけでなく、将来の需要予測を定量的に行うこともできた。

顧客課題を探るために、一つ注意すべき点がある。それは、購買意思決定者を先に把握しておくということだ。

これも経験談だが、建設分野で事業開発を行うために現場の課題を探ろうと、現場監督やエンジニアにどのようにして建設・建築関連製品を選んで購買しているかを聞いたことがあった。ところが、インタビューの途中で、実はその国では現場従事者が購入品を決めているのではなく、設計図などを取りまとめているデザイナーが判断して購入指示を出しているとわかったことがある。このことを知らずに現場監督にだけインタビューしていては価値のないリサーチになるところだった。

新規事業のプランを構築する場合には、解決手段と課題の性質によって大きく四つのパターンがある（図4－7）。このうち、アジアで事業開発を行う際には右上の将来

図4-7　新規事業プランの4タイプ

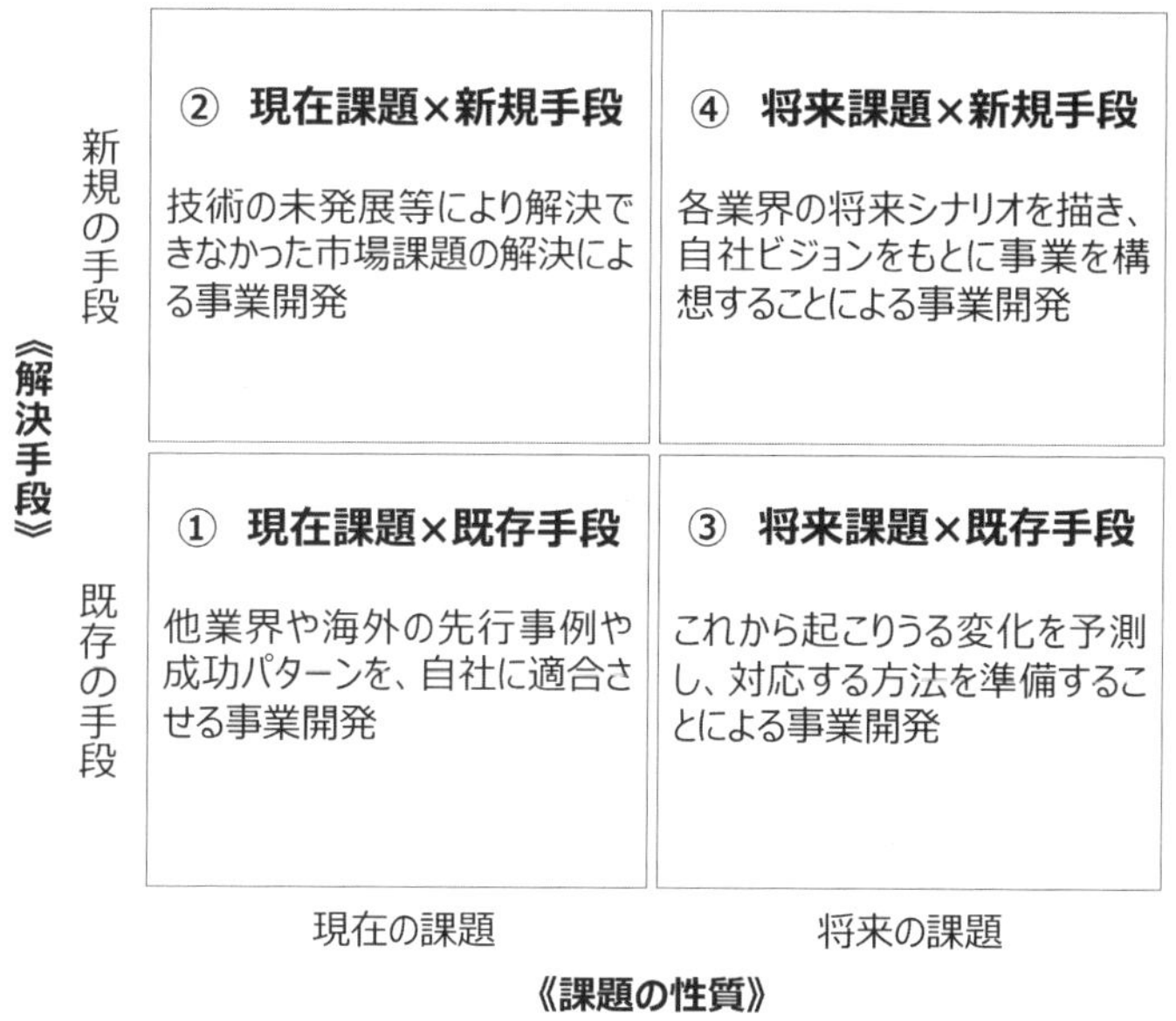
② 現在課題×新規手段
技術の未発展等により解決できなかった市場課題の解決による事業開発
④ 将来課題×新規手段
各業界の将来シナリオを描き、自社ビジョンをもとに事業を構想することによる事業開発
① 現在課題×既存手段
他業界や海外の先行事例や成功パターンを、自社に適合させる事業開発
③ 将来課題×既存手段
これから起こりうる変化を予測し、対応する方法を準備することによる事業開発
新規の手段
既存の手段
《解決手段》
現在の課題
将来の課題
《課題の性質》

出典：リブ・コンサルティング

課題に焦点を当てることを推奨している。

理由は、現在課題はすでに気づいている企業が多く、レッドオーシャンとなり、参入しても利益率が低いからだ。また、現在課題への既存手段によるアプローチでは、通常の日系企業の意思決定スピードを考えると負け戦になりやすいという理由もある。

実際にあった話だが、ある国へ新製品の進出を検討している日本企業は、現地で当製品が売れるかどうかのリサーチだけで2年を費やした。同社製品は高価格帯であるため現地消費者が本当に買ってくれるのかを本社が見極めたかったのだ。新製品を導入するとなると大きな投資が必要になる点も決断を鈍らせる原因だった。我々としては、詳細なリサーチを企画するよりも現地でテストセールスを行いその売れ行きや消費者の生の声を収集して判断することを勧めた。どれほどリサーチを繰り返しても消費者が本当に買う気があるかどうかまではわからない。インタビューで製品がほしいと答えた顧客であっても、販売店で実物と価格を目にしたら購入を見送ることもよくあるからだ。

しかし、先述の企業はテストセールスを開始するかどうかの判断にも半年近くを要してしまい、そうこうしている間にビジネスの旬を逃してしまった。迅速な決断力とダメだと判断すれば即座に撤退する柔軟性を持っている他国の競合企業を相手に戦うには、今の日本企業の意思決定スピードではどうしても後手に回ってしまう。そのため、現在課題を起点にした事業開発は、よほどのスピード感を持った企業でない限り、勧めていないというわけだ。この問題を解決したければ、予算規模やリスク許容範囲だけを決めて、意思決定権限は現地拠点に任せるべきだ。

では、将来課題を考えるときの〝将来〟とは何年後を想定するのがいいのだろうか。私は、5年後から10年後がちょうどいいと考えている。そのくらいのほうが、ビジネスの大きな方向性が見えるからだ。5年から10年先であれば、EVは必ず普及しているだろうし、カーボンニュートラルなど環境意識はいっそう高まっているなどと、トレンドの共通認識を持ちやすく、議論の方向性がブレにくい。仮に1年後や3年後を設定すると、現状の延長で未来を予測し、余計な議論を生んでしまう。

例えば、「資源価格の高騰によって電気代が高止まりしてしまいEVの普及は遅れる」「いや、これは一時的な事象なので価格も正常化に向かうから普及は想定通りに進むはずだ」など、現在の事象に対する見立ての議論が先行し、個人の考え方の差異が出やすく、議論がまとまりにくくなる。

バリューカプセルで固定観念に縛られない新規事業創出を！

新規事業プランを構築する際、想定顧客の将来課題とともに重要になるのが、「バリューカプセル」の活用である。バリューカプセルとはリブ・コンサルティング独自の表現で、バリューチェーン全体で自社アセットの棚卸しを行い、それぞれのアセットを最小単位にまで分解して価値を抽出したものだ（図4－8）。

正しくバリューカプセルを見出すには、ちょっとしたコツがいる。それは、棚卸しをするときは強みか弱みかの判断を排除することだ。新規事業開発のためにアセットの棚卸しをするとなると、どうしても強みを抽出しようと考えてしまう。

しかし、その時点で把握できる強みや特徴は、あくまでも既存事業を前提としたものであって、新規事業においては強みどころか弱みになる可能性もある。逆に、棚卸しする時点では目にもとまらなかったようなアセットが将来課題を解決する上で大きな強みになることだってある。そのため、強みや弱みといったバイアスを排除して、保有しているアセットをフラットに抽出し最小単位にまで分解することが有効になる。

新規事業のプランを考えるときは、想定顧客の将来課題にバリューカプセルを掛け合わせることで市場機会の探索を行い、事業仮説を立案する。

仮説を実現する上で足りないものがあれば、外部との共創により補えばいい。不足しているケイパビリティーを保有している企業と提携してもいいし、今はない技術が必要であれば、要素技術を持っている企業と組んで共同開発することも

図4-8　バリューカプセルの特定フロー

- バリューカプセルとは、新規事業のタネとして活用できる自社アセットの最小単位のこと。顧客資産、ブランド資産、サプライチェーンやネットワーク資産、自社人材のケイパビリティーなど、多様な観点でアセットを洗い出す。

<バリューカプセルの特定フロー>

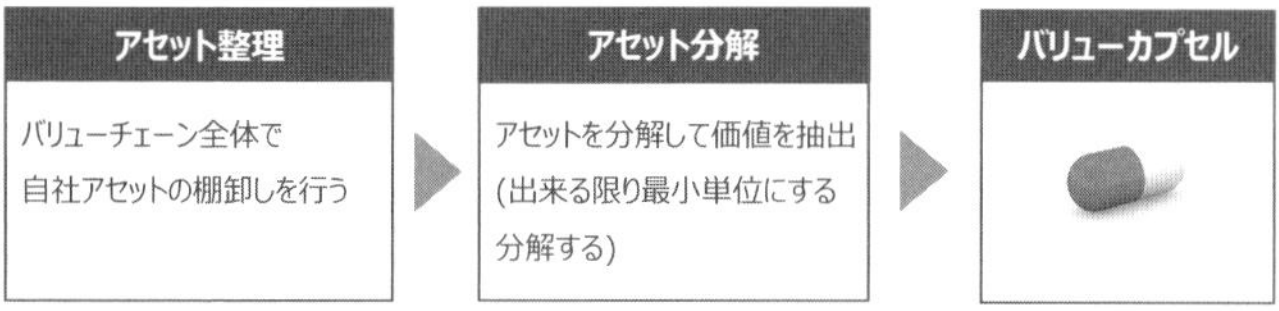
アセット整理
バリューチェーン全体で
自社アセットの棚卸しを行う
アセット分解
アセットを分解して価値を抽出
(出来る限り最小単位にする
分解する)
バリューカプセル

出典：リブ・コンサルティング

考えられる。
もちろん、M&Aや企業投資という選択肢もある。自社アセットの中だけで新規事業プランを発想しようとして幅を狭める必要もなければ、足りないからといってあきらめる必要もない。アジアには日本企業と組みたがっている現地企業は多数ある。そうした企業と前向きな議論を交わすことで、共創によって進化できる機会も数多くあるだろう。

新規事業プランができたら事業性評価の計画を立案して仮説の評価を実施し、実際に事業化を進めることになる。ここまでの一連のステップは、図4－9を参考にしてほしい。

「リーン」と「スマート」戦略は、中期的なアプローチ視点では有効だが、アジアで日系企業が実施するにあたってはいくつかの注意点がある。各ステップの細かい実施手順やこうした注意点をまとめた資料を用意したウェブサイトがあるので巻末情報から問い合わせいただければ幸いだ。

図4-9　新規事業開発のステップ

STEP	実施内容	アウトプット
STEP1 新規事業の目的と目標の設定	▪自社が所属する業界の将来シナリオの整理 ▪ステークホルダーのからの自社への期待事項を整理 ▪新規事業の目的と目標の明確化	✓新規事業の目的・目標 ✓事業領域の詳細 ✓事業性評価指標
STEP2 市場課題の探索	▪事業セグメント別の将来シナリオ作成 ▪顧客、パートナーへのインタビュー実施と結果の分析 ▪顧客・パートナーの課題整理(現時点での課題に加えて将来課題も整理)	✓事業セグメント別の将来シナリオ ✓顧客・パートナーの課題一覧
STEP3 解決手段の探索	▪自社アセットの洗い出しを通じてバリューカプセルを特定 ▪他国・他業界・他社のベンチマーキング情報の収集	✓バリューカプセル ✓ベンチマーク情報
STEP4 事業モデルの仮説立案	▪顧客課題に対する解決策を構想するための議論 ▪解決策を実現する手段の検討 ▪実現手段の優先順位付け ▪事業仮説の明示	✓事業モデルの仮説 ✓事業性評価指標の更新(2次版)
STEP5 仮説事業性評価の計画立案	▪仮説の事業性上の論点整理 ▪仮説の実現可能性上の論点を整理 ▪仮説の評価計画の立案 ▪サンプル評価を実施	✓事業性評価指標の評価結果 ✓事業性、実現可能性の評価計画
STEP6～ 実行＆評価	▪事業計画＆投資計画の作成 ▪事業計画の実行 ▪評価＆軌道修正	✓事業計画 ✓事業ローンチ

出典：リブ・コンサルティング

おわりに

「日本人に生まれてラッキーだった」

1980年に千葉で生まれ、小中学校で社会や世界を知るにつれて徐々にそう感じるようになった。日本人というだけで、電化製品や自動車などの品質への信頼、アジア随一の経済大国としての影響力、安全で清潔な国家に仲間入りできていることを誇らしく思っていた。その後、幸運なことにアジアで日本発の経営コンサルタントとして働くことになった。これも、日本人プレミアムが作用して自身の能力以上に貴重な機会を得られた。しかし、今、日本の外から見ているからこそわかる。グローバル経営感覚のズレ、意思決定スピードの遅れ、経済成長やデジタル実装の遅れなどから、日本そして日本企業は以前のような影響力が薄れつつある。このままでは、先人が築いてきた日本・日本企業への信頼のバトンを途切れさせてしまう。この状況を少しでも改善し、将来の日本企業にバトンをつないでいきたい。そうした想いから本書の出版に至っているため、アジアで経営に関わっている方々が本書を手に取り、道標の一つとして活用いただければ、これ以上に嬉しいことはない。

本書を読んで、どのような感想を抱いただろうか。

ここで語られている様々な施策の多くは、日本企業にとってさほど目新しいものではないと感じた方もいるのではないだろうか。その点を否定するつもりはないが、裏を返せば、長年日本国内で取り組まれてきたような施策であっても、海外経営では同水準で実行できていない現実がある。

グローバル水準で戦略を立て、他を圧倒するスピード感で実行する。その力が明らかに不足している。どうすればよいか。

ヒントはスポーツにあると思う。

２０２２年のサッカーワールドカップで、ドイツやスペインといった強豪国を破った日本代表メンバーの大半は海外リーグで経験を積んでいた。日本国内で頂点を目指すだけでなく、早いうちから海外のトップレベルで切磋琢磨するからこそ、個の力を磨けているのだろう。日本発の経営人材においても早めに海外で武者修行することでグローバル水準の経営感覚を身に付けられるのではないか。

また、ラグビーの日本代表からも学べることがある。ワールドカップで活躍しているラグビー日本代表は、日本国籍以外の多様な人材が集まっている。戦略に従ってそれを実現できる最適な人材であれば国籍に関係なくチームをつくっていけばよい。日本人を特別視しないフェアなルールを前提に多様性を高める方針も有効だろう。

海外での武者修行、適材適所のグローバルチームの組成、これらはコロナ禍を通じてオンラインでもアクセスしやすくなり、その気になれば様々な手段があるはずだ。グローバル事業を目指す20代・30代のビジネスパーソンには是非チャレンジしていただきたい。


私にはもう一つ気になっていることがある。

それは、ベテランのチャレンジ精神だ。

多くの日系企業のプロジェクトで現場に入り込んで気づいたことがある。それは、日系企業で働く現地社員は駐在員の所作をよく見ているということだ。現地組織に「学べ」「変われ」「成長しろ」と言っても駐在員自身が「変わる姿勢」を示せなければ、現地社員も変わろうとするわけがない。

だからこそ、「ベテランこそ変わるべし」と言いたい。

日系企業では、日本人のベテラン層、経営層こそ挑戦する姿勢や学ぶ姿勢を示すこと、それこそがグローバル組織の成長をドライブさせるもっとも有効な打ち手だと思う。そもそも、変化が激しいアジア市場でビジネスを展開するのであれば、環境変化に応じて求められるスキルも5年周期で変わっていく。そうした変化に合わせて必要とされるスキルを習得していかなければ日本人経営者や駐在員としての価値も高まらない。本人の強い意志と学びの場を求める気持ちがあるなら、リカレント教育など機会はいくらでもあるだろう。

かくいう私もベテラン層に分類され、自身をアップデートし続けるべく、常に学びの場を求めている。

新たな学びを通じて、未来をよりよくしていく仲間をつくりたく、本書を手に取っていただいた皆様と積極的に交流していきたい。

最後になりますが、日々様々な機会を与えていただいているクライアントの皆様、アジア市場で様々な洞察や支援を提供いただいているパートナー企業の皆様に、厚く御礼申し上げます。

2023年2月吉日

株式会社リブ・コンサルティング

海外グループディレクター&タイ支社マネージング・ディレクター　香月義嗣

株式会社リブ・コンサルティング　会社概要

▶本社概要

会社名	株式会社リブ・コンサルティング (英名：LiB Consulting co.,ltd.)
事業内容	総合経営コンサルティング業務 企業経営に関する教育・研修プログラムの企画・運営
企業理念	"100年後の世界を良くする会社"を増やす
社員数	260名(2023年1月時点)
代表取締役	関 厳
本社所在地	〒100-0004　東京都千代田区大手町1丁目5-1 大手町ファーストスクエア ウエストタワー 19階／20階 TEL：03-5220-2688

▶タイ支社概要

会社名	LiB Consulting (Thailand) Co., Ltd.
住所	388 Exchange Tower Building, 29th Floor, Sukhumvit Rd., Klongtoey, Klongtoey, Bangkok, Thailand
企業理念	To increase Thailand's sustainability
代表取締役	香月義嗣
問い合わせ	info_thai@libcon.co.jp

著者プロフィール

香月 義嗣（かつき・よしつぐ）
株式会社リブ・コンサルティング
海外グループディレクター＆タイ支社マネージング・ディレクター
東京大学工学部卒業、東京大学大学院新領域創成科学研究科修士課程修了、国際経営コンサルティング協議会認定マスターマネジメントコンサルタント。東アジア・東南アジア各国で約180社、270プロジェクトのコンサルティング実績、約1万人への講演実績を持つ。2006年～2017年まで韓国・ソウルに駐在後、2018年よりタイ・バンコクに駐在。著書に『日本企業が韓国企業に勝つ4つの方法（中経出版、日本語）』、『営業組織の生産性向上（韓国能率協会コンサルティング共著、韓国語）』がある。

Ben（Sra Chongbanyatcharoen）
LiB Consulting（Thailand） パートナー
文部科学省の奨学金を受け日本に留学、一橋大学経済学部卒業。ペンシルベニア大学経営大学院（ウォートンスクール）MBA。リブコンサルティング入社後は東京で勤務した後、タイオフィスで勤務。日系企業の構造改革支援に加え、財閥系企業や上場企業などタイのエクセレントカンパニーの経営支援も担当している。タイオフィスを代表するトップコンサルタント。

Pez（Darin Lanjakornsiripan）**Ph.D.**
LiB Consulting（Thailand） アソシエイト・パートナー
文部科学省の奨学金を受け日本に留学、東京大学理学部、東京大学大学院博士課程卒業。数学オリンピック金メダル取得。主に、通信業界、農業・食品業界、住宅業界、自動車製造業などで、戦略立案から実行支援までを一貫して支援している。タイオフィスの戦略チームをリードしている。

Mai（Yossarin Boonwiwattanakarn）
LiB Consulting（Thailand） マネージャー
立命館アジア太平洋大学経営学部卒業、英国Bath大学修士課程修了。外資系コンサルファームを経てリブ・コンサルティング・タイに参画。在タイ日系企業の新規事業開発、組織改革、DX推進プロジェクトを主に担当している。

Min（Lalita Haritaipan）**Ph.D.**
LiB Consulting（Thailand） マネージャー
文部科学省の奨学金を受け日本に留学、東京工業大学工学部卒業、同大学工学院機械系修士・博士課程を修了。日本機械学会畠山賞を受賞。リブ・コンサルティング・タイでは、主に製造業のスマートファクトリーやコストダウン支援をリードし、モビリティ業界の将来シナリオ・新規事業開発を担当している。

アジア進出企業の経営
成功のメカニズム
待ち受ける「落とし穴」を予見し、回避することでプレゼンスを高める！

2023年3月1日　第1刷発行

著　者　香月義嗣
Ben, Pez, Mai, Min
発行者　鈴木勝彦
発行所　株式会社プレジデント社
〒102-8641
東京都千代田区平河町2-16-1 平河町森タワー13階
https://www.president.co.jp/　https://presidentstore.jp/
電話 編集 03-3237-3733
販売 03-3237-3731
販　売　桂木栄一、高橋 徹、川井田美景、森田 巌
末吉秀樹、榛村光哲

構　成　八色祐次
装　丁　鈴木美里
組　版　キトミズデザイン合同会社
校　正　株式会社ヴェリタ
制　作　関 結香
編　集　金久保 徹、川又 航

印刷・製本　大日本印刷株式会社

ISBN　978-4-8334-5218-2
Printed in Japan